T0126429

LA VÉRITABLE HISTOIRE DE

*Collection
dirigée
par
Jean Malye*

*Aucun des Athéniens, autant qu'ils sont,
n'a pris le deuil par ma faute.*

Périclès cité par Plutarque

LA VÉRITABLE

HISTOIRE

DE

PÉRICLÈS

Textes réunis et commentés
par
Jean Malye

2ᵉ tirage

LES BELLES LETTRES
2014

Un grand merci à Pamela Ramos.

www.lesbelleslettres.com
Retrouvez Les Belles Lettres sur Facebook et Twitter.

ISBN : 978-2-251-04001-1

À Miman

Dans le corps du texte, les textes en italiques sont de Jean Malye et ceux en romains sont d'auteurs anciens.

ENFANT DE LA GUERRE

494 avant Jésus-Christ.

Agaristé fit un songe où elle crut accoucher d'un lion. Quelques jours après, elle mit au monde Périclès.

Plutarque, *Périclès*, 3, 3

Périclès est issu d'une grande lignée aristocratique autant par son père que par sa mère.

Périclès était de la tribu Acamantis, du dème de Cholarges, d'une maison et d'une famille qui tenait le premier rang, du côté maternel comme du côté paternel. En effet, Xanthippe, qui avait vaincu à Mycale[1] les généraux du grand roi, avait épousé Agaristé, petite-fille de ce Clisthène[2] qui chassa les Pisistratides, renversa bravement la tyrannie et établit des lois et

1. Voir p. 18.
2. Clisthène, membre de la famille des Alcméonides, fut le père de la démocratie en 508/507 et chassa les tyrans de la famille des Pisistratides avec l'aide des Spartiates en 510. Agaristé était sa nièce et non sa petite-fille. Voir arbre généalogique p. 163. Clisthène mit en œuvre des réformes pour permettre aux hommes adultes et libres (les femmes, les esclaves et les métèques – les étrangers – étaient donc exclus) de voter pour désigner les magistrats de la cité et les membres du Conseil des Cinq-Cents (*Boulé*) chargé de la préparation des lois. Ces citoyens avaient la possibilité de siéger dans des jurys et de participer à

une constitution admirablement tempérée en vue
d'assurer la concorde et la sauvegarde de l'État.

Plutarque, *Périclès*, 3, 1-2

*Le 13 septembre 490, entre 100 000 et 200 000 guer-
riers perses, selon les sources anciennes, débarquent sur la
plage de Marathon pour envahir la Grèce. Miltiade, un
des dix stratèges athéniens, est envoyé à la tête de 10 000
hommes dont des Platéens pour stopper l'ennemi. Périclès
qui a 4 ans voit donc son père Xanthippe s'équiper de son
armure, de ses jambières et de ses brassards en airain, se
coiffer de son casque et s'armer de son épée, de sa lance et de
son bouclier de peau et de métal pour partir avec ceux qu'on
appellera plus tard les Marathonomaques, les héros légen-
daires de cette fameuse bataille, dont l'historien Hérodote
qui relatera l'affrontement.*

*Les troupes ennemies se séparent. La flotte perse tente
d'atteindre Athènes par la mer pendant que le reste, 21 000
soldats, se déploie dans la plaine.*

Les Athéniens, aussitôt donné le signal de l'attaque, se lancèrent au pas de course contre les Barbares ;
l'intervalle qui les en séparait ne mesurait pas moins
de 1 500 m. Les Perses, quand ils les virent arriver sur
eux en courant, se préparèrent à les recevoir ; constatant
qu'ils étaient peu nombreux et que, malgré cela, ils se
lançaient au pas de course, sans cavalerie, sans archers,

l'assemblée du peuple (*l'Ecclésia*), voir p. 34. Les débats étaient
libres et ouverts et tout citoyen pouvait proposer une loi.

ils les crurent atteints de folie, d'une folie qui causerait leur perte totale. C'était l'idée que se faisaient les Barbares ; mais les Athéniens, après qu'ils eurent, en rangs serrés, pris contact avec eux, combattirent de façon mémorable. Ils furent en effet, autant que nous sachions, les premiers à supporter la vue de l'équipement des Perses et d'hommes portant cet équipement, alors que, jusque-là, rien qu'à entendre le nom des Perses, les Grecs étaient pris de peur.

Hérodote, *Histoires*, VI, 112

À l'issue d'un combat long et éprouvant, les phalanges grecques écrasent l'ennemi qui s'enfuit en panique vers ses navires. Le bilan est lourd pour les Perses : 6 400 tués ou noyés contre 192 pertes grecques.

Heureusement Xanthippe n'est pas du nombre. Mais le danger n'est pas écarté pour autant. Le meilleur des forces perses s'approche du cap Sounion pour attaquer Athènes. Il faut à tout prix porter secours aux familles laissées sans défense dans la cité. Xanthippe et les autres hoplites, pourtant épuisés par cette bataille éprouvante, décident à marche forcée de prendre de vitesse l'ennemi qui a 10 heures pour atteindre son but. Périclès va-t-il périr dans la prise de la cité avec sa mère, son frère aîné Ariphron et sa sœur ? Les Athéniens arrivent une heure avant la flotte perse et les découragent ainsi de débarquer. Fin de la première guerre médique. Mais les Perses en s'enfuyant jurent de revenir pour se venger.

Mars 484, les citoyens d'Athènes convergent vers l'Agora pour apporter chacun un tesson de poterie où ils ont gravé le nom de celui qu'ils ont décidé de bannir de la cité. Cette procédure d'ostracisme[3] avait été introduite par le grand-oncle de Périclès, Clisthène, pour éviter la toute-puissance d'une faction ou d'un homme qui pouvait déstabiliser le système démocratique qu'il avait créé. Grâce à cette menace qui pesait sur les acteurs de la politique, les coups d'État étaient évités. Et le système a parfaitement fonctionné tout au long de l'histoire grecque.

L'ostracisme n'était pas le châtiment d'un crime ; on désignait spécieusement sous ce nom l'abaissement et l'amoindrissement d'un homme dont l'importance et l'autorité étaient trop lourdes à supporter ; c'était une satisfaction accordée à l'envie, sans rien d'inhumain ni d'irrémédiable, la victime du mécontentement et de la haine n'ayant à subir qu'un exil de dix ans.

Plutarque, *Aristide*, 7, 2

Les magistrats comptaient d'abord la totalité des tessons déposés. Si les votants étaient moins de 6 000, l'ostracisme n'avait pas lieu. Puis l'on comptait séparément les tessons portant chaque nom, et l'homme qui avait contre lui le plus grand nombre de votes était proclamé banni pour dix ans, mais sans perdre la jouissance de ses biens.

Plutarque, *Aristide*, 7, 6

3. Du mot *ostrakon*, coquille d'huître en grec, qui, par analogie formelle, désignait un morceau d'objet sur lequel on écrivait faute de papier. Syracuse adopta ce système et on l'appela le pétalisme car les Syracusains utilisaient des feuilles d'olivier (*petalos* = feuille en grec).

À la fin de la journée, cette fois-ci, le nom gravé qui revient le plus souvent est celui du père de Périclès. Xanthippe doit quitter Athènes pendant 10 ans.

À 10 ans, Périclès suit son père en exil. On ne sait où. Sûrement chez des membres ou des amis de la famille. Cruelle leçon pour le jeune enfant qui prend conscience ainsi bien tôt des risques encourus par celui qui décide d'entrer en politique.

En 480, Xanthippe est rappelé d'urgence à Athènes. La cité a besoin de tous ses concitoyens ostracisés pour combattre les Perses qui ont décidé, sous la conduite du fils de Darius, Xerxès, de revenir en Grèce pour se venger de la cuisante défaite de Marathon.

Fin juillet 480, après trois jours de combat acharné…

Les Grecs reculèrent vers la partie étroite de la route, passèrent la muraille, et prirent position, tous réunis à l'exception des Thébains, sur le mamelon qui est à l'entrée du passage, là où s'élève aujourd'hui le lion de marbre en l'honneur de Léonidas. En ce lieu, ils se défendirent avec leurs épées – ceux d'entre eux qui en avaient encore –, avec leurs mains, avec leurs dents ; et les Barbares les accablèrent de traits, les uns, qui les poursuivaient et avaient abattu la barrière que formait le mur, de front, les autres, qui avaient fait le tour, de tous côtés en cercle.

Hérodote, *Histoires*, VII, 225

Périclès a 14 ans quand, à Athènes, il apprend avec stupeur que le dernier verrou a cédé devant l'envahisseur. Les 300 Spartiates menés par Léonidas ont été massacrés au défilé des Thermopyles par un million de Perses qui, bientôt, vont déferler dans la plaine d'Attique vers sa cité. Il a suivi jour après jour avec sa famille l'inexorable avancée de cette immense armée depuis son entrée sur le continent occidental au printemps de cette année 480. Après avoir fait construire à coups de fouet un pont de bateaux sur l'Hellespont, le bras de mer entre l'Asie et le monde hellénique, le roi Xerxès a conduit ses troupes jusque-là en tuant, violant et détruisant tout sur son chemin.

Eschyle, dans sa pièce Les Perses, *décrit ce monstre destructeur qui a dû hanter les nuits du jeune Périclès depuis la première guerre médique. C'est ce dernier qui sera désigné comme chorège pour produire cette pièce lors des compétitions des grandes Dionysies de 472.*

En ses yeux luit le regard bleu du dragon sanglant. Il meut mille bras et mille vaisseaux, et, pressant son attelage syrien, il conduit à l'attaque des héros qu'illustra la lance, l'Arès à l'arc triomphant.

Qui serait donc capable de tenir tête à ce large flux humain ? Autant vouloir, par de puissantes digues, contenir l'invincible houle des mers ! Irrésistible est l'armée de la Perse et son peuple au cœur vaillant.

Les Perses, 82-92

Emporté par sa fougue d'adolescent, Périclès a dû envier ces courageux hoplites spartiates qui avaient accepté de se sacrifier pour sauver leur liberté.

La décision est prise. Les Athéniens doivent évacuer la ville pour se réfugier dans les villages de la côte et sur l'île de Salamine en face du Pirée.

Xanthippe et sa famille emportent le strict minimum. Mais pas question d'abandonner leur chien…

L'évacuation de la ville vers la mer fut pour les uns un spectacle pitoyable, pour les autres un sujet d'admiration, à cause de l'intrépidité de ces hommes qui envoyaient leurs familles à l'étranger, tandis qu'eux-mêmes, sans se laisser ébranler par les gémissements, les larmes et les embrassades de leurs parents, passaient dans l'île. Pourtant, les citoyens qu'on laissait dans la ville à cause de leur vieillesse inspiraient une grande pitié. Même les animaux domestiques montraient pour leurs maîtres une affection attendrissante : ils couraient avec des hurlements de regret à côté de ceux qui les avaient nourris et qui s'embarquaient. On cite, entre autres, le chien de Xanthippe, père de Périclès, qui, ne pouvant se résigner à être abandonné par lui, sauta dans la mer et, nageant à côté de sa trière, aborda à Salamine, où, à bout de forces, il mourut en arrivant. On dit que le tertre qu'on appelle Kynosséma et qu'on montre encore aujourd'hui est le tombeau de ce chien.

Plutarque, *Thémistocle*, 10, 8-10

Les Perses sont à nouveau vaincus à Salamine. Et c'est après les batailles de Platée et du cap Mycale que l'ennemi est définitivement chassé de Grèce. Quelques années plus tard ce sera au roi macédonien Alexandre le Grand de porter la vengeance en terre mède.

En 479, c'est Xanthippe qui commande le contingent athénien au cap Mycale et qui repousse les Perses pour de bon au siège de Sestos. Il refuse même l'argent que le gouverneur de la province institué par Xerxès, Artayctès, tyran sanguinaire, lui propose en échange de sa vie et de celle de son fils.

Ces promesses ne furent pas accueillies par le général Xanthippe ; les gens d'Éléonte, qui voulaient venger Protésilas[4], demandaient qu'Artayctès fût mis à mort ; et c'était aussi l'avis personnel du général. On le conduisit à la langue de terre où avait abouti le pont jeté par Xerxès d'une rive à l'autre du détroit, et on le pendit, cloué sur des planches ; quant à son fils, il fut lapidé sous ses yeux.

Hérodote, *Histoires*, IX, 120

Périclès peut assister fièrement au retour triomphal de son père à Athènes. Il est accueilli en héros et devient grâce à sa bravoure un personnage important de la vie politique athénienne.

4. Le tyran avait pillé sa tombe.

UNE ÉDUCATION
DE JEUNE ARISTOCRATE

Périclès a évidemment été à l'école jusqu'à 18 ans, âge
où il a pu servir dans l'armée pendant 2 ans.
    Protagoras explique à Socrate quel est l'enseignement
idéal prodigué aux jeunes Grecs entre 12 et 14 ans.

Quand on l'envoie à l'école, on recommande
bien plus au maître la bonne tenue de l'enfant que
ses progrès dans la connaissance des lettres et de
la cithare ; le maître, de son côté, y donne tous ses
soins, et quand les enfants, sachant leurs lettres, sont
en état de comprendre les paroles écrites, il fait lire
à la classe, rangée sur les bancs, les vers des grands
poètes, et lui fait apprendre par cœur ces œuvres
remplies de bons conseils, et aussi de digressions,
d'éloges où sont exaltés les antiques héros, afin que
l'enfant, pris d'émulation, les imite et cherche à se
rendre pareil à eux.
    Les citharistes, à leur tour, prennent le même soin
d'inspirer la sagesse de l'enfant et de le détourner
du mal : en outre, quand l'élève sait jouer de son
instrument, le maître lui fait connaître d'autres
belles œuvres, celles des poètes lyriques, qu'il lui fait
exécuter sur la cithare, obligeant ainsi les âmes des
enfants à se pénétrer des rythmes et des mélodies,
à se les assimiler de telle sorte qu'ils en deviennent

plus apprivoisés, et que, sous l'influence de rythme et de l'harmonie, ils se forment à la parole et à l'action : car toute vie humaine a besoin d'harmonie et de rythme.

Plus tard encore, on envoie l'enfant chez le pédotribe[1], afin que son intelligence une fois formée ait à son service un corps également sain, et qu'il ne soit pas forcé par sa défaillance physique à reculer devant les devoirs de la guerre et devant les autres formes de l'action. Les plus empressés à suivre cet usage sont ceux qui en ont le plus les moyens ; or ceux-là, ce sont les plus riches : les fils de riches, envoyés dans les écoles plus tôt que les autres, en sortent plus tard.

Platon, *Protagoras*, 325 e-326 c

On le confie à de grands précepteurs.

On dit généralement qu'il eut pour maître de musique Damon ; […] Damon, qui était un homme éminent par son savoir, il semble avoir voulu dérober sa capacité à la foule en se couvrant du nom de musicien. Il assistait Périclès, athlète de la politique, pour le frotter d'huile et lui enseigner la lutte. Cependant on s'aperçut que la lyre de Damon n'était pour lui qu'un prétexte. Soupçonné de graves intrigues et de manœuvres en faveur de la tyrannie, il

1. C'est un professeur de gymnastique et d'hygiène du corps.

fut banni et donna matière aux attaques des poètes comiques. [...]

Périclès suivit aussi les leçons de Zénon d'Élée ; celui-ci traitait de la nature à la façon de Parménide[2], mais il avait une sorte de génie pour la controverse et il était passé maître pour jeter dans l'embarras ses adversaires grâce aux antinomies[3]. [...]

Mais le principal maître de Périclès, celui qui contribua le plus à lui communiquer cette fierté et cette gravité, bien lourdes pour le chef d'une démocratie, qui en un mot éleva et exalta la dignité de son caractère, ce fut Anaxagore de Clazomènes, que ses contemporains appelaient « l'Esprit », soit par admiration pour la haute et merveilleuse intelligence qu'il montra dans l'étude de la nature, soit parce que, le premier, il établit comme principe de l'organisation du monde, non le hasard ni la nécessité, mais un esprit pur et simple, qui, dans le mélange chaotique qui constitue l'ensemble du monde, sépare les éléments formés de parties semblables.

Périclès, qui admirait infiniment ce grand homme, s'était pleinement instruit de ce qu'on appelle « Science des phénomènes célestes » ou « bavardage dans les nuées ».

Plutarque, *Périclès*, 4

2. Philosophe grec qui aurait rencontré Socrate à Athènes.
3. Contradictions et paradoxes.

Anaxagore eut une grande influence sur Périclès. Il lui apprit à se méfier des devins et de leurs influences néfastes. Ceux-ci furent des accusateurs féroces à la fin de sa vie[4].

Ce ne sont pas là les seuls avantages que Périclès tira de la fréquentation d'Anaxagore, mais il paraît aussi qu'il s'éleva grâce à lui au-dessus de la superstition. Celle-ci naît de l'effroi inspiré par les phénomènes célestes aux hommes qui n'en connaissent pas les causes et qui, par suite de leur ignorance, sont pris de trouble et d'affolement en matière de religion. La science de la nature, en bannissant cette ignorance, substitue à la superstition timide et fébrile la piété ferme que de bonnes espérances accompagnent.

On dit qu'un jour on apporta à Périclès, de son domaine rural, la tête d'un bélier qui n'avait qu'une corne ; Lampon, le devin, en voyant cette corne qui avait poussé, solide et forte, au milieu du front, déclara que la puissance des deux partis qui divisaient l'État, celui de Thucydide[5] et celui de Périclès, deviendrait celle d'un seul homme, de l'homme chez qui ce présage s'était produit ; mais Anaxagore, dit-on, ayant coupé le crâne en deux, fit voir que la cervelle n'avait pas rempli sa place, et que, pointue comme un œuf, elle avait glissé de toute la boîte crânienne vers l'endroit d'où partait la racine de la corne. À ce moment-là, l'admiration des assistants se porta sur Anaxagore, mais un peu plus tard elle se

4. Voir p. 89 à 92.
5. Homme politique à ne pas confondre avec l'historien.

reporta sur Lampon, lorsque Thucydide fut abattu
et que les affaires du peuple passèrent toutes sans
exception entre les mains de Périclès. Au reste, rien
n'empêchait, je pense, le savant et le devin de voir
juste tous les deux, en saisissant correctement l'un
la cause et l'autre la fin. Car l'un se proposait de
découvrir les causes et les modalités du phénomène,
l'autre de prédire en vue de quoi il s'était produit et
ce qu'il signifiait. Ceux qui prétendent que trouver la
cause d'un signe équivaut à le détruire ne réfléchis-
sent pas qu'avec les signes envoyés par les dieux, ils
rejettent également ceux que donnent les instruments
de fabrication humaine, comme le son des disques,
la lumière des torches et l'ombre de l'aiguille des
cadrans solaires, toutes choses produites en vertu
d'une cause, mais aussi en vue de servir de signes.

Plutarque, *Périclès*, 6

UN HOMME FAIT
POUR LA POLITIQUE

Un physique ingrat…

Bien formé pour le reste du corps, il avait la tête allongée et d'une grosseur disproportionnée. C'est pour cette raison que les artistes l'ont presque toujours représenté avec un casque, ne voulant pas, semble-t-il, accuser ce défaut physique.

Mais les poètes attiques, eux, l'appelaient « schinocéphale » « tête d'oignon » car l'oignon marin est appelé parfois *schinos*.

Parmi les auteurs de comédies, Téléclidès le représente tantôt en proie à la perplexité que lui causent les affaires, assis sur l'Acropole, « penchant sa tête lourde », « tantôt faisant jaillir à lui tout seul un grand tumulte de sa tête qui tient sur onze lits ».

Plutarque, *Périclès*, 3, 3-6

… Mais un pouvoir de séduction indéniable.

Aussi avait-il, dit-on, non seulement une pensée sublime et un langage élevé, exempt de toute bouffonnerie vulgaire et sans scrupule, mais encore une gravité de visage que le rire n'altérait jamais, une démarche calme, un ajustement du costume qu'aucun mouvement oratoire ne pouvait déranger, un débit sans aucun éclat de voix, et bien d'autres traits du même genre qui frappaient tout le monde d'émerveillement.

C'est ainsi qu'un jour, insulté et outragé à l'agora par un individu sans foi ni loi, il supporta ses insolences toute la journée sans mot dire et sans cesser d'expédier les affaires pressantes. Le soir venu, comme il rentrait tranquillement chez lui, l'individu le suivit, en lui adressant toute sorte de paroles malveillantes. Quand Périclès fut à la porte de sa maison, comme il faisait déjà sombre, il ordonna à l'un de ses serviteurs de prendre un flambeau pour accompagner l'homme et le reconduire jusque chez lui.

Le poète Ion affirme que Périclès, dans les relations sociales, était arrogant et hautain, et qu'à ses grands airs se mêlait beaucoup de dédain et de mépris pour les autres. Il n'a, au contraire, que des éloges pour le tact, le liant et la politesse délicate de Cimon[1] en société. Au rebours, quand Zénon entendait des gens traiter de vanité et d'orgueil la gravité de Périclès, il les engageait à faire eux-mêmes les orgueilleux de cette façon-là, dans l'idée que l'affectation même d'une belle conduite fait naître insensiblement et sans qu'on s'en doute le goût et l'habitude de la vertu.

Plutarque, *Périclès*, 5

1. Voir p. 33 à 37.

À Athènes, le succès d'un homme politique dépendait surtout de son art pour l'éloquence.

Accordant son éloquence à la façon dont il avait organisé sa vie et à la hauteur de ses sentiments, il en fit comme un instrument de musique approprié, qui souvent résonnait des leçons d'Anaxagore, et il donna pour ainsi dire à sa rhétorique une teinture de science physique. Car cette « élévation d'esprit et cette perfection de la mise en œuvre » qui, selon les expressions du divin Platon, « s'ajoutèrent à ses dispositions naturelles », il les dut à la science physique : c'est « en tirant de celle-ci ce qui avait rapport à l'art du discours » qu'il s'éleva tellement au-dessus de tous les autres orateurs. Et c'est là aussi, dit-on, ce qui lui valut son surnom ; cependant certains croient que le surnom d'Olympien lui fut donné à cause des monuments dont il orna la ville, ou bien à cause de son génie politique et militaire, et il est possible qu'il ait dû cette réputation au concours de ses nombreux mérites. Mais les comédies des poètes de son temps qui lui ont décoché des traits, tantôt sérieux, tantôt plaisants, font voir que ce surnom lui vint surtout de son éloquence. Ils disent que, lorsqu'il parlait au peuple, « il tonnait, il lançait des éclairs » et que « sur sa langue il portait un foudre redoutable ».

On cite aussi un mot que Thucydide, fils de Mélésias, dit en plaisantant sur la puissance oratoire de Périclès. Ce Thucydide était du parti des aristocrates et fit très longtemps de l'opposition à la politique de Périclès. Comme Archidamos, roi de Sparte, lui demandait lequel des deux était le plus fort à la lutte, de lui ou de Périclès, il lui fit cette réponse :

— Quand je l'ai terrassé à la lutte, il soutient qu'il n'est pas tombé, et il l'emporte en persuadant les assistants.

Cependant Périclès lui-même ne parlait qu'avec circonspection et il ne montait jamais à la tribune sans demander aux dieux la grâce de ne laisser échapper par inadvertance aucune parole qui ne convînt pas au sujet qu'il se proposait de traiter. Il n'a d'ailleurs laissé aucun écrit, en dehors de ses décrets. […]

Un jour que Sophocle, au cours d'une expédition maritime qu'ils commandaient tous les deux comme stratèges, louait devant lui la beauté d'un garçon :

— Un stratège, lui dit-il, ne doit pas avoir seulement les mains pures, mais les yeux aussi.

Stésimbrote rapporte que, faisant à la tribune l'éloge des citoyens morts à Samos[2], il dit qu'ils étaient devenus immortels comme les dieux.

— Car, ajouta-t-il, les dieux non plus ne sont pas visibles, mais ce sont les honneurs qu'on leur rend et les biens qu'ils nous procurent qui nous font juger qu'ils sont immortels ; or ces mêmes caractères appartiennent aussi à ceux qui sont morts pour la patrie.

Plutarque, *Périclès*, 8

2. Voir p. 83 et suivantes.

DES DÉBUTS PROMETTEURS

En 472, Périclès a 22 ans et il est désigné par le premier archonte pour financer le chœur de la pièce d'Eschyle, Les Perses, *qui va concourir pour le premier prix des grandes Dionysies. Une astucieuse façon de plaire au peuple athénien en honorant la bravoure des combattants de Salamine et de ceux comme son père qui chassèrent l'ennemi hors de Grèce. Périclès et Eschyle gagnent le premier prix.*

Puis il entre prudemment en politique en s'appuyant sur le peuple.

Dans sa jeunesse, Périclès était extrêmement timide à l'égard du peuple. On trouvait que ses traits rappelaient ceux du tyran Pisistrate, et les gens très âgés étaient frappés de voir qu'il lui ressemblait aussi par la douceur de sa voix et par l'aisance et la rapidité de sa parole dans la discussion. Comme, avec cela, il était riche, de famille illustre, et qu'il avait des amis très puissants, il redoutait l'ostracisme ; il ne se mêlait donc pas de politique ; mais, à la guerre, il se montrait brave et affrontait volontiers le danger. Cependant, après la mort d'Aristide et le bannissement de Thémistocle, comme Cimon[1], de son côté, était presque toujours éloigné de la Grèce

1. Aristide, Thémistocle et Cimon sont, avec Périclès, les grands hommes politiques du ve siècle avant J.-C.

par ses expéditions, Périclès se consacra résolument
à la cause populaire, prenant, au lieu du parti des
riches et des oligarques, celui de la multitude et des
pauvres, malgré son tempérament qui n'était pas du
tout démocratique. Apparemment il craignait qu'on
ne le soupçonnât d'aspirer à la tyrannie ; comme,
d'autre part, il voyait Cimon attaché au parti des
nobles et singulièrement aimé de l'élite, il s'insi-
nua dans les bonnes grâces de la multitude afin de
s'assurer la sécurité pour lui-même en même temps
qu'un puissant appui contre Cimon.

Plutarque, *Périclès*, 7, 1-4

Il fait alors preuve de beaucoup de diplomatie...

Dès lors aussi, il s'imposa un autre genre de vie.
On ne le vit plus que dans une seule rue de la ville,
celle qui menait à l'agora et au Conseil. Il déclina
toute invitation à des banquets[2] et renonça à toutes
les réunions du même genre entre amis et camarades,
si bien que, durant tout le temps de sa carrière politique, qui fut longue, il n'alla dîner chez aucun de
ses amis, à l'exception d'Euryptolémos, son cousin,
qui se mariait ; d'ailleurs, il ne resta chez lui que
jusqu'aux libations et se retira aussitôt après[3]. C'est
que les joyeuses réunions entre amis ont facilement

2. Véritables institutions sociales, conservatoires des valeurs
aristocratiques.
3. Juste avant la consommation de vin.

raison d'un maintien solennel et qu'il est difficile
de conserver dans la familiarité des manières graves
et imposantes. Cependant la véritable vertu paraît
d'autant plus belle qu'elle se montre davantage et
rien chez les hommes de mérite n'est aussi admirable
pour les gens du dehors que leur conduite journalière
pour leurs intimes. Mais Périclès, pour échapper à
la satiété que provoque une continuelle présence,
ne s'approchait du peuple que par intervalles. Il ne
parlait pas à tout propos et n'intervenait pas sans
cesse dans l'assemblée. Il se réservait, selon le mot
de Critolaos, comme la trière salaminienne, pour les
grandes occasions, tandis que, pour traiter les affaires
courantes, il faisait parler à sa place des amis ou des
membres de son parti. L'un de ceux-ci fut, dit-on,
Éphialtès[4], qui abaissa la puissance du Conseil de
l'Aréopage[5] et qui, suivant l'expression de Platon,
versa la liberté à flots et toute pure aux citoyens,
si bien que le peuple, fougueux comme un cheval
échappé, selon l'expression des poètes comiques,

« ne voulant plus supporter d'obéir,
mordit l'Eubée et bondit sur les îles[6]. »

Plutarque, *Périclès*, 7, 5-8

4. Homme politique athénien, opposant à Cimon.
5. Assemblée d'aristocrates, une des entités détenant le
pouvoir à Athènes. Voir note 1 p. 34.
6. Allusion à l'expédition d'Eubée (voir p. 82) et à l'adhésion
des îles de la mer Égée à la Confédération athénienne.

DÉMOCRATE OU DÉMAGO?

Thucydide dépeint le gouvernement de Périclès comme une sorte d'aristocratie : « C'était, de nom, une démocratie, mais, en fait, le premier citoyen exerçait le pouvoir. » Beaucoup d'autres prétendent que c'est lui qui, le premier, poussa le peuple à distribuer des lots de terre, des indemnités de spectacle, des salaires et que, par suite des mesures prises à cette époque, il lui donna de mauvaises habitudes et le rendit dépensier et ami du plaisir, de tempérant et laborieux qu'il était auparavant. Recherchons donc dans les faits eux-mêmes la raison de cette transformation.

Plutarque, *Périclès*, 9, 1

Tout d'abord, Périclès s'oppose à Cimon, le chef du parti aristocratique, ami des Spartiates.

Au début, Périclès, jaloux de contrebalancer le crédit de Cimon, chercha, comme je l'ai dit, à capter la faveur populaire. Mais, supérieur en richesse et en moyens, Cimon profitait de ces avantages pour se concilier les pauvres, en donnant tous les jours à dîner à tous les Athéniens dans le besoin et en habillant les vieillards. Il avait même enlevé les barrières de ses domaines pour permettre à qui voulait d'en cueillir les fruits. Périclès, ainsi désavantagé auprès du peuple, eut recours à des largesses faites avec les revenus de l'État. Il eut vite corrompu la multitude avec les fonds pour les spectacles, les salaires assignés aux juges et toutes les autres allocations et largesses qu'il lui prodigua, et il se servit d'elle contre l'Aréopage, dont il n'était pas membre, le sort ne l'ayant jamais désigné pour les fonctions d'archonte, de thesmothète, de roi ni de polémarque, car ces charges, depuis longtemps, étaient distribuées par le sort et ceux dont la gestion avait été approuvée montaient siéger à l'Aréopage[1].

Plutarque, *Périclès*, 9, 2-4

En 463, Périclès intente un procès à son rival et le fait bannir en 460.

Fort de l'appui du peuple, Périclès accrut son opposition à ce Conseil et réussit à lui faire enlever par l'entremise d'Éphialtès la plupart de ses juridictions, puis il accusa Cimon d'être ami des Spartiates et ennemi de la démocratie, et il fit bannir par ostracisme

---

1. À cette époque, le pouvoir était partagé, entre l'Aréopage, une assemblée de riches aristocrates composée des anciens archontes, les 10 archontes qui étaient tirés au sort pour un an parmi ces mêmes personnes (le polémarque et le thesmothète sont des archontes aux fonctions bien précises), l'assemblée du peuple (*Ecclésia*), le Conseil (*Boulé*), 500 membres tirés au sort pour un an, émanation de l'Ecclésia, et les 10 stratèges élus au suffrage universel pour un an et qui possédaient le pouvoir exécutif.

cet homme qui ne le cédait à personne pour la fortune et la naissance, qui avait remporté sur les Barbares les victoires les plus glorieuses et qui avait rempli la ville de richesses et de dépouilles abondantes. Tel était l'ascendant de Périclès sur le peuple.

Plutarque, *Périclès*, 9, 5

La sœur de Cimon tenta d'intervenir auprès de Périclès.

Elpinice[2] avait adouci Périclès à l'égard de Cimon, alors que celui-ci était sous le coup d'une accusation capitale. Car Périclès était l'un des accusateurs désignés par le peuple. Elpinice alla chez lui pour le solliciter. Il lui répondit en souriant :

– Tu es bien vieille, Elpinice, tu es bien vieille pour mener à bien de si graves affaires.

Cependant il ne se leva qu'une fois pour prendre la parole, soutint l'accusation pour l'acquit de sa conscience, et, de tous les accusateurs, c'était lui qui avait le moins chargé Cimon quand il se retira.

Plutarque, *Périclès*, 10, 6

2. Cimon fut ostracisé, entre autres raisons, pour avoir entretenu une relation incestueuse avec sa sœur (Plutarque, *Cimon*, 4, 6). Un tesson d'ostracisme fut retrouvé qui portait cette inscription : « Cimon, fils de Miltiade, prends Elpinice et dégage ! »

En 457-456, un conflit éclate et les chefs des deux partis disparaissent, laissant enfin la voie libre à l'impétueux Périclès.

La durée de l'exil par ostracisme avait été fixée par la loi à dix ans. Or il arriva dans l'intervalle que les Spartiates envahirent avec une armée considérable le territoire de Tanagra. Les Athéniens marchant aussitôt contre eux, Cimon, revenu de son exil, se présenta pour combattre à son rang avec les hommes de sa tribu. Il voulait se justifier par des actes de son prétendu laconisme[3], en partageant le danger de ses concitoyens. Mais les amis de Périclès se montèrent contre lui et le firent chasser comme banni. C'est pour cette raison, dit-on, que Périclès voulut redoubler de courage dans ce combat et se distingua entre tous en payant de sa personne. Les amis de Cimon, que Périclès accusait aussi de laconisme, y périrent tous sans exception. Les Athéniens furent pris alors d'un profond repentir et regrettèrent vivement Cimon : vaincus aux frontières de l'Attique, ils s'attendaient à une rude guerre pour la saison suivante. Périclès, s'étant aperçu de leurs dispositions, n'hésita pas à donner satisfaction à la foule : il rédigea lui-même le décret qui rappelait l'exilé. Cimon, de retour dans sa patrie, négocia la paix entre les deux villes. Les Spartiates, en effet, avaient autant de sympathie pour lui que d'aversion pour Périclès et les autres

3. Pro-spartiate.

chefs du parti populaire. Au dire de certains auteurs, Périclès ne rédigea le décret qui rappelait Cimon qu'après avoir conclu avec lui une convention secrète, par l'entremise d'Elpinice, sœur de Cimon. Cette convention portait que Cimon, prenant la mer avec deux cents vaisseaux, exercerait le commandement à l'extérieur et ravagerait le pays du grand Roi[4], tandis que le pouvoir dans la ville resterait à Périclès.

Après cela, comment pourrait-on croire Idoménée, quand il accuse Périclès d'avoir traîtreusement assassiné le chef du parti populaire Éphialtès, son ami et son compagnon dans l'action politique, parce qu'il le jalousait et enviait sa popularité ? Ces calomnies, qu'il a ramassées je ne sais où, il les a lancées, comme un flot de bile, contre un homme qui n'était pas peut-être irréprochable en tout point, mais qui possédait une noblesse de cœur et une générosité d'âme incompatibles avec une si féroce atrocité. La vérité, c'est qu'Éphialtès était redouté des partisans de l'oligarchie et qu'à l'égard des fonctionnaires qui avaient des comptes à rendre et dans les poursuites intentées à ceux qui avaient lésé le peuple, il était impitoyable. Voilà pourquoi ses ennemis complotèrent contre lui et le firent tuer secrètement par Aristodicos de Tanagra, ainsi que le rapporte Aristote[5]. Quant à Cimon, il mourut à Chypre, où il commandait l'armée[6].

Plutarque, *Périclès*, 10

4. Le roi des Perses.
5. En 460.
6. En 449.

En 459, Périclès devient le chef du parti démocratique alors qu'un autre rival apparaît.

Les aristocrates n'avaient pas attendu ce moment pour s'apercevoir que Périclès s'était élevé au-dessus de tous les citoyens. Ils voulurent néanmoins lui opposer dans l'État quelqu'un qui pût affaiblir sa puissance et l'empêcher de tourner à une monarchie complète. Ils dressèrent contre lui Thucydide d'Alopèce, homme sage et parent par alliance de Cimon. Moins expert à la guerre que Cimon, il était, en revanche, plus habile que lui comme orateur et homme politique. Fixé dans la ville, il engagea la lutte à la tribune avec Périclès et il eut bientôt rétabli l'équilibre entre les deux partis. Il ne laissa pas ceux qu'on appelait les gens de l'élite s'éparpiller et se confondre, comme auparavant, dans le peuple, où leur prestige était éclipsé sous le nombre ; il les en sépara et, ramassant ensemble la puissance de tous, il lui donna du poids et redressa ainsi le fléau de la balance. Jadis, c'était une sorte de paille cachée, comme celle du fer, qui marquait la différence entre les deux partis démocratique et aristocratique, mais la lutte et la rivalité de ces deux hommes déterminèrent une coupure très profonde qui sépara les deux groupes désormais appelés, l'un, le peuple, l'autre, la minorité.

Plutarque, *Périclès*, 11, 1-3

Périclès riposte en séduisant le peuple et en envoyant des citoyens dans des clérouquies, ces comptoirs de colons qui renforcent la puissance d'Athènes dans le bassin méditerranéen.

Aussi, plus que jamais, Périclès lâcha-t-il la bride au peuple et prit-il des mesures qui devaient lui plaire, imaginant sans cesse de nouvelles fêtes à grand spectacle, des banquets, des processions religieuses dans la ville et amusant les citoyens par des plaisirs auxquels les Muses n'étaient pas étrangères. Chaque année il envoyait au-dehors soixante trières, montées par un grand nombre de citoyens, qui naviguaient pendant huit mois et touchaient une solde, et, du même coup, s'exerçaient et s'instruisaient dans l'art de la navigation. Il expédia en outre mille colons dans la Chersonèse, cinq cents à Naxos, deux cent cinquante à Andros, mille en Thrace pour y habiter chez les Bisaltes, et d'autres en Italie, lors de la nouvelle fondation de Sybaris, rebâtie sous le nom de Thourioï[7]. Il agissait ainsi pour alléger la ville d'une populace oisive, que l'inaction rendait remuante, pour soulager la misère du peuple et, en installant des garnisons chez les alliés, les tenir dans la crainte et les empêcher de tenter quelque révolte.

Plutarque, *Périclès*, 11, 4-6

---

7. En 446.

En 455, Périclès est nommé stratège à 39 ans et il parfait son image auprès du peuple. Intimidation, démonstration de forces et fondation de clérouquie.

On admira aussi et l'on vanta beaucoup chez les peuples étrangers son expédition maritime sur les côtes du Péloponnèse. Parti de Pègaï, en Mégaride, avec cent trières, non seulement il ravagea une grande partie de la côte, comme Tolmidès l'avait fait avant lui, mais, s'avançant loin de la mer avec les hoplites qu'il avait embarqués, il força les habitants, qui redoutaient son approche, à se renfermer dans leurs murs. Seuls, les Sicyoniens lui tinrent tête à Némée et engagèrent le combat : il les mit en fuite de vive force et dressa un trophée. En Achaïe, pays ami, il prit des soldats sur ses trières, gagna avec sa flotte le continent qui se trouve en face et, remontant l'Achéloos, parcourut l'Acarnanie, enferma les gens d'Œniades dans leurs murailles, coupa les arbres et ravagea le pays, puis retourna à Athènes. Il avait fait voir aux ennemis combien il était redoutable, et à ses concitoyens combien il était actif pour assurer leur sécurité. En effet il n'était rien arrivé de fâcheux, fût-ce par accident, aux membres de l'expédition.

Il cingla ensuite vers le Pont-Euxin avec une flotte nombreuse et brillamment équipée. Il accorda aux villes grecques ce qu'elles demandaient et les traita avec humanité. En même temps il étalait aux yeux des peuples barbares de ces parages, de leurs rois et de leurs dynastes l'imposante puissance des Athéniens, qui, maîtres absolus de la mer, naviguaient hardiment et en sûreté partout où ils voulaient. Aux habitants de Sinope il laissa treize vaisseaux avec Lamachos et des troupes pour combattre le tyran Timésiléos. Ce tyran et ses partisans ayant été chassés, il fit décréter que six cents Athéniens volontaires se rendraient à Sinope pour y demeurer avec les habitants, après s'être partagé les maisons et les terres qui avaient appartenu jusque-là aux tyrans.

Plutarque, *Périclès*, 19, 2-3, 20, 1-2

En 454, Périclès décide de rapatrier à Athènes le trésor de la ligue de Délos qui était constitué des sommes versées par ses alliés pour financer leur défense.

453 voit arriver un heureux événement : son épouse lui donne un premier fils, Xanthippe. C'est deux ans plus tard que naîtra leur deuxième fils, Paralos.

En 451, il fait voter les lois sur la citoyenneté athénienne concernant les sang-mêlé (est citoyen celui qui est né d'un couple athénien) et sur l'octroi d'indemnités journalières à chaque citoyen impliqué dans la vie politique de la cité[8].

8. Dans le système démocratique tel que l'avait établi Clisthène, le citoyen avait de nombreux devoirs à remplir en dehors de ses obligations privées : service militaire de quarante années, service civil avec assistance à l'Assemblée trois fois par mois et exercice de hautes fonctions comme archonte ou stratège par exemple (voir p. 11 et 34) et de nombreuses magistratures attribuées selon le sort ou par vote. Périclès proposa donc pour permettre à chaque citoyen, même le plus pauvre, de remplir

Et à partir de 437, il entame une politique de grands travaux.

Mais ce qui causa le plus de plaisir aux Athéniens et contribua le plus à embellir leur ville, ce qui frappa le plus l'imagination des étrangers, ce qui seul atteste que cette puissance tant affirmée de la Grèce et son antique prospérité ne sont pas des mensonges, ce furent les monuments construits par Périclès. De tous les actes de son administration, c'est celui dont ses ennemis étaient le plus jaloux, celui qu'ils dénigraient le plus. Ils criaient dans les assemblées que le peuple s'était déshonoré et qu'il avait mauvaise réputation pour avoir transporté de Délos à Athènes le trésor commun des Grecs. Le prétexte le plus honorable qu'il pût opposer aux accusations dont il était l'objet, c'est qu'on avait enlevé de là ce trésor pour le mettre en lieu sûr, parce qu'on craignait les Barbares : or, ce prétexte, Périclès, disaient-ils, vous l'a ôté. « Aussi la Grèce pense-t-elle qu'elle est victime d'une terrible violence et d'une tyrannie manifeste, quand elle voit qu'avec les tributs qu'elle est forcée de fournir en vue de la guerre, nous dorons et embellissons notre ville, comme une femme coquette, en la parant de pierres précieuses, de statues et de temples de mille talents. »

---

ses devoirs publics, une solde pour les troupes, un salaire pour les fonctionnaires et une indemnité aux citoyens qui siégeaient. On paya même une indemnité aux citoyens pauvres pour leur permettre d'entrer au théâtre.

Dans ces circonstances, Périclès remontrait aux Athéniens qu'ils n'avaient pas à rendre compte de l'argent à leurs alliés, puisqu'ils faisaient la guerre pour eux et tenaient en respect les Barbares.

– Les alliés, disait-il, ne fournissent ni cavalier, ni navire, ni hoplite ; ils n'apportent que de l'argent. Or l'argent n'appartient plus à ceux qui le donnent, mais à ceux qui le reçoivent, pourvu qu'ils rendent les services en vue desquels ils le reçoivent. Maintenant que la ville est suffisamment pourvue des choses nécessaires à la guerre, il faut qu'elle emploie ses ressources à des ouvrages qui, après leur achèvement, lui vaudront une immortelle renommée et qui, au cours de leur exécution, maintiendront le bien-être chez elle ; car ils feront naître des industries de toute sorte et des besoins variés, qui, éveillant tous les arts et occupant tous les bras, fourniront des salaires à presque toute la population, celle-ci tirant de son sein de quoi s'embellir et se nourrir en même temps.

Plutarque, *Périclès*, 12, 1-4

Ainsi il combat l'oisiveté en distribuant du travail à tous les corps de métier. Rien de tel pour réduire le chômage...

À ceux qui avaient l'âge et la force de faire la guerre le trésor public fournissait abondamment de quoi vivre ; mais pour la masse ouvrière, qui n'était pas enrôlée, Périclès ne voulait ni qu'elle fût privée de salaires ni qu'elle en touchât sans travailler et sans rien faire. En conséquence il proposa résolument au peuple de grands projets de constructions et des plans d'ouvrages qui mettraient en œuvre beaucoup de métiers et demanderaient beaucoup de temps. De la sorte, la population sédentaire aurait le même droit que les matelots et les soldats en garnison ou en expédition d'être aidée et de toucher sa part des fonds publics. On disposait, comme matières premières, de marbre, cuivre, ivoire, or, ébène, cyprès; on avait, pour les travailler et les mettre en œuvre, des corps de métiers: charpentiers, sculpteurs, forgerons, tailleurs de pierre, doreurs, ivoiriers, peintres, incrusteurs, ciseleurs; pour le transport et le convoi des matériaux: sur mer, des marchands, matelots et pilotes; sur terre, des charrons, voituriers, cochers, cordiers, tisserands, bourreliers, cantonniers et mineurs. Chaque métier disposait, ainsi qu'un général de son armée à lui, de la foule des ouvriers non spécialisés et des manœuvres, qui étaient comme l'instrument et le corps à son service. C'est ainsi que les besoins distribuaient et disséminaient le bien-être sur presque tous les âges et toutes les conditions.

Plutarque, *Périclès*, 12, 5-6

Et le résultat, fruit de la collaboration des plus grands artistes de l'époque, est imposant.

Les monuments s'élevaient, d'une grandeur imposante, d'une beauté et d'une grâce inimitables; les artistes s'efforçaient à l'envi de se surpasser par la perfection technique du travail, mais le plus admirable fut la rapidité de l'exécution. Tous ces ouvrages, dont il semblait que chacun dût exiger plusieurs générations successives pour être achevé, se trouvèrent, tous terminés pendant la période d'apogée d'une seule carrière politique. On dit pourtant que Zeuxis, ayant un jour entendu le peintre Agatharchos se vanter de peindre vite et facilement toute espèce de figures, repartit : « Il me faut à moi beaucoup de temps. » [...] Aussi l'admiration pour les monuments de Périclès s'accroît-elle d'autant plus qu'ils ont été faits en peu de temps pour une longue durée. Chacun d'eux, à peine fini, était si beau qu'il avait déjà le caractère de l'antique, et si parfait qu'il a gardé jusqu'à notre époque la fraîcheur d'un ouvrage récent, tant y brille toujours une sorte de fleur de jeunesse qui en a préservé l'aspect des atteintes du temps. Il semble que ces ouvrages aient en eux un souffle toujours vivant et une âme inaccessible à la vieillesse.

Phidias présidait à tout et surveillait tout pour Périclès. Et cependant on ne manquait ni de grands architectes ni de grands artistes pour ces travaux. Callicratès et Ictinos construisirent le Parthénon[9] de cent pieds. À Éleusis, la salle des initiations fut commencée par Coroebos, qui éleva les colonnes du rez-de-chaussée et les relia par des architraves ;

9. Commencé en 437 et terminé en 432, soit plus de 500 ans avant Plutarque.

après sa mort, Métagénès de Xypétè plaça la frise et les colonnes de l'étage ; quant au lanterneau, c'est Xénoclès de Cholarges qui en couronna l'*anactoron*[10]. Les Longs Murs[11], dont Socrate dit qu'il entendit lui-même Périclès en proposer la construction, eut pour entrepreneur Callicratès. […]

L'Odéon[12], dont la disposition intérieure comprend de nombreux rangs de sièges et de colonnes, et dont le toit arrondi et en pente part d'un faîte unique, fut, dit-on, construit à l'image et sur le modèle de la tente du grand roi, et ce fut Périclès qui présida aussi à sa construction […].

Plutarque, Périclès, 13, 1-7

Voulant accroître sa renommée, Périclès fit alors voter pour la première fois qu'un concours de musique aurait lieu aux Panathénées[13]. Choisi pour présider ce concours, il régla lui-même comment les concurrents devaient jouer de la flûte ou de la cithare et chanter. C'est à l'Odéon qu'eut lieu ce concours, et aussi, par la suite, tous les autres concours musicaux.

---

10. Littéralement maison des seigneurs, salle prévue pour rassembler les initiés des mystères d'Éleusis.

11. Les Longs Murs reliaient Athènes au port du Pirée.

12. Sur le modèle de la tente de Xerxès rapportée de la bataille de Platées. Érigé en 443. Servait aux spectacles de chants et de poésie.

13. Fêtes annuelles en l'honneur d'Athéna.

Les Propylées de l'Acropole[14] furent achevés en cinq ans par l'architecte Mnésiclès.

Un événement merveilleux, qui arriva pendant la construction, montra que la déesse, loin de s'en désintéresser, mettait, elle aussi, la main à l'œuvre et aidait à l'achever. Le plus actif et le plus zélé des ouvriers glissa et tomba du haut de l'édifice. Il était dans un état pitoyable et abandonné des médecins. Périclès se décourageait quand la déesse lui apparut en songe et lui prescrivit un remède dont il usa et qui guérit vite et facilement le blessé. C'est à cette occasion qu'il éleva, dit-on, la statue de bronze d'Athéna Hygie et la plaça sur l'Acropole, près de l'autel qui s'y trouvait déjà.

C'est Phidias qui fit la statue d'or de la déesse, comme en témoigne l'inscription de son nom sur la stèle[15]. Il avait la haute main sur presque tout et, comme je l'ai déjà dit, il commandait à tous les

14. Travaux commencés en 437 et interrompus en 432 à cause de la guerre du Péloponnèse. C'est l'entrée monumentale de l'Acropole, le promontoire au centre d'Athènes.

15. « La statue de culte est d'or et d'ivoire ; au milieu du casque qui la surmonte se trouve une représentation du Sphinx. De chaque côté du casque, on a figuré des griffons en relief. La statue d'Athéna la représente debout avec une robe qui tombe jusqu'aux pieds ; sur la poitrine, on a enchâssé la tête de Méduse, elle aussi en ivoire ; Athéna tient une Victoire dans une main et dans l'autre une lance ; un bouclier est posé contre ses jambes et près de la lance il y a un serpent. » Pausanias, *Description de la Grèce*, I, 24, 5-7.

artistes, à cause de l'amitié que Périclès avait pour
lui.

Plutarque, *Périclès*, 13, 11-14

*Entouré des plus grands artistes, Périclès devient vite
la cible des jaloux et des calomniateurs. Le revers de la
démocratie, la libre expression pour tous !*

De là des jalousies contre l'un, des propos injurieux
contre l'autre. On disait que Phidias recevait pour
Périclès des femmes libres avec qui celui-ci avait des
rendez-vous. Les poètes comiques s'emparèrent de
cette rumeur et déversèrent sur lui une foule de propos
infamants. Ils le calomnièrent à propos de la femme
de Ménippe, son ami et son second comme stratège,
et à propos de Pyrilampe, compagnon de Périclès, qui
s'adonnait à l'élevage des oiseaux et qu'on accusait
d'envoyer secrètement des paons aux maîtresses de
Périclès. Mais comment s'étonner que des hommes
doués d'un tempérament satirique offrent à l'envie
de la multitude, comme à un démon malfaisant,
leurs calomnies contre les puissants, quand on sait
que Stésimbrote de Thasos[16] lui-même a osé accuser Périclès d'un attentat odieux et impie contre la
femme de son fils ?

Plutarque, *Périclès*, 13, 15-16

16. A écrit un pamphlet perdu sur Périclès. Voir p. 60.

On lui reproche ses dépenses. Périclès joue la diplomatie...

Cependant Thucydide et les orateurs de son parti poursuivaient Périclès de leurs cris, l'accusant de dilapider les finances et de gaspiller les revenus. Périclès demanda dans l'assemblée au peuple s'il trouvait qu'il avait beaucoup dépensé :

— Oui, répondit-on, et beaucoup trop.

— Eh bien, répliqua Périclès, la dépense sera pour moi, non pour vous ; mais aussi je n'inscrirai sur les monuments qu'un nom, le mien.

À ces mots, le peuple, admirant sa grandeur d'âme, ou jaloux de participer à la gloire de ces constructions, lui cria de prendre les frais sur les fonds publics et de dépenser sans rien épargner. À la fin, il entra en lutte avec Thucydide, à ses risques et périls, pour l'ostracisme ; il obtint le bannissement de son adversaire et la dissolution du parti qui lui faisait opposition[17].

Plutarque, *Périclès*, 14

17. En 443.

TUTEUR DE DEUX GARNEMENTS

En 447, Alcibiade a 5 ans quand son père Clinias meurt avec 1 000 hoplites à la bataille de Coronée contre l'armée béotienne[1]. Avant sa mort, il avait désigné Périclès comme tuteur de ses deux fils.

Il accueille les orphelins sous son toit, qu'ils partagent donc avec ses deux fils de 4 et 6 ans et son épouse. Alcibiade y restera vraisemblablement 13 ans, jusqu'à l'âge de 18 ans, au moment où, en tant qu'adulte, il pouvait quitter son tuteur.

Alcibiade s'avère être très vite un chenapan au sale caractère et à la langue bien pendue, qui veut mordre ses camarades : « Tu mords comme les femmes, Alcibiade. Non comme les lions ! » nous dit Plutarque.

Étant encore petit, il jouait aux osselets dans la rue. Son tour était venu de les lancer, lorsqu'une voiture chargée de marchandises survint. Tout d'abord il ordonna au conducteur de l'attelage de s'arrêter, parce que les osselets étaient tombés sur le passage du chariot. L'homme, qui était un rustre, ne l'écouta pas et continua d'avancer. Alors les autres enfants s'écartèrent ; mais Alcibiade se jeta la face contre terre devant l'attelage et, étendu tout du long, il cria :

— Passe maintenant, si tu veux.

1. Voir p. 79-80.

Alors le cocher, effrayé, tira son attelage en arrière. Les spectateurs de cette scène, épouvantés, poussèrent des cris et accoururent vers l'enfant.

Plutarque, *Alcibiade*, 2, 3-4

En cours, il fait la loi à la manière d'un jeune dandy effronté.

Il refusait de jouer de la flûte, considérant cet instrument comme méprisable et indigne d'un homme libre. L'usage de la lyre, disait-il, ne gâte rien au visage et à l'aspect qui conviennent à un homme libre : mais quand un homme souffle dans une flûte avec sa bouche, ses familiers eux-mêmes ont grand-peine à reconnaître ses traits. En outre, quand on joue de la lyre, on peut en même temps parler ou chanter ; mais la flûte, en occupant et obstruant la bouche, ôte au musicien la voix et la parole.

– Laissons donc la flûte, poursuivait-il, aux enfants des Thébains ; car ils ne savent pas converser ; mais nous, Athéniens, nous avons, comme le disent nos pères, Athéna pour fondatrice et Apollon pour auteur de notre race : or l'une a jeté la flûte loin d'elle, et l'autre a écorché le flûtiste[2].

Par de tels propos mi-plaisants, mi-sérieux, Alcibiade se détourna de cette étude, et en détacha

2. Athéna inventa la flûte et la rejeta en voyant ses joues gonflées réfléchies dans l'eau d'une source. Marsyas défia le cithariste Apollon qui, vainqueur, l'écorcha vif.

aussi ses camarades, car le bruit ne tarda pas à se répandre parmi les enfants qu'Alcibiade avait horreur, et avec raison, du jeu de la flûte et raillait ceux qui l'apprennent. C'est ainsi que cet instrument fut tout à fait exclu des études libérales et complètement déconsidéré.

Vite dépassé, Périclès se fait aider par son frère Ariphron. Mais bientôt l'autre fils de Clinias qui porte le nom de son père, sûrement influencé par Alcibiade, prend lui aussi le chemin de la délinquance.

Clinias, le jeune frère d'Alcibiade ici présent, avait pour tuteur Périclès, et celui-ci, craignant pour son pupille les mauvais exemples de l'aîné, l'en sépara, et confia son éducation à Ariphron : six mois ne s'étaient pas écoulés qu'Ariphron le rendait à son tuteur, parce qu'il n'en pouvait rien tirer de bon.

Platon, *Protagoras*, 320 a

Alcibiade découche.

Étant enfant, Alcibiade s'enfuit de la maison chez Démocratès, un de ses amants, qu'Ariphron voulait le réclamer par la voix du héraut, mais Périclès s'y opposa :

– S'il est mort, dit-il, nous ne le saurons par la proclamation qu'un jour plus tôt, et, s'il est sauf, ta vie sera dès lors perdue.

Plutarque, *Alcibiade*, 3, 1

Ils devaient souvent discuter ainsi entre eux. Preuve en est cette conversation rapportée par Xénophon. Périclès a 64 ans. Rapidité d'esprit, provocation et arrogance.

Ainsi raconte-t-on qu'Alcibiade, avant même d'avoir 20 ans, eut avec Périclès, qui était son tuteur et le dirigeant de la cité, l'échange suivant au sujet des lois :

— Dis-moi Périclès, demanda-t-il, pourrais-tu m'enseigner ce qu'est une loi ?

— Tout à fait, répondit Périclès.

— Apprends-le-moi donc, par les dieux, demanda Alcibiade, car lorsque j'entends les louanges que l'on adresse à certains hommes, parce qu'ils sont respectueux des lois, j'en viens à penser que celui qui ne sait pas ce qu'est la loi ne mériterait pas à bon droit cet éloge.

— Mais rien de plus facile. Si tu cherches à savoir ce qu'est une loi, répondit Périclès. En effet, tout ce que le peuple, après s'être rassemblé et avoir procédé à un examen, a mis par écrit, en indiquant ce que l'on doit faire ou non, est une loi.

— Et est-ce le bien ou le mal qu'il considère que l'on doit faire ?

— Le bien, par Zeus, jeune homme, et non le mal, répondit-il.

— Et s'il arrive que ce n'est pas le peuple, mais comme dans une oligarchie, quelques hommes qui, après s'être rassemblés, ont édicté ce qu'il faut faire, de quoi s'agit-il ?

— Tout ce que le détenteur du pouvoir dans la cité a, après délibération, édicté que l'on doit faire, est appelé une loi, répondit Périclès.

— Et si c'est un tyran qui exerce le pouvoir dans la cité et qui édicte aux citoyens ce qu'ils doivent faire, est-ce également une loi ?

— Pareillement, répondit-il, tout ce que le tyran édicte alors qu'il gouverne, est aussi appelé une loi.

— Mais, Périclès, demanda-t-il, en quoi consistent la force et l'illégalité ? N'est-ce pas lorsque le plus fort a recours, non pas à la persuasion, mais à la force pour contraindre le plus faible de faire tout ce que bon lui semble ?

— C'est du moins mon avis, répondit Périclès.

— Par conséquent, tout ce qu'un tyran contraint par édit ses concitoyens à faire, sans les avoir gagnés par la persuasion, constitue une illégalité ?

— C'est mon avis, répondit Périclès ; je retire en effet mon affirmation selon laquelle tout ce que le tyran édicte en n'usant pas de persuasion constitue une loi.

— Et tout ce qu'une minorité édicte, non pas après avoir persuadé la majorité, mais en la dominant, affirmerons-nous, oui ou non, que c'est de la violence ?

— À mon avis, répondit Périclès, tout ce que l'on contraint quelqu'un de faire, sans l'avoir gagné par la persuasion, et que l'édit soit écrit ou non, est de la violence plutôt qu'une loi.

— De même par conséquent, tout ce que le peuple en son entier, alors qu'il exerce sa domination sur ceux qui détiennent les richesses, édicte tout en n'usant pas de persuasion, serait de la violence plutôt qu'une loi ?

— Fort bien Alcibiade, répondit Périclès ; nous aussi, à ton âge, étions redoutables dans ce genre de discussions. En effet, nous aussi nous nous exercions et nous rivalisions de subtilités dans ce genre de discussions où j'ai l'impression que tu exerces maintenant à ton tour.

Et Alcibiade de répliquer :

— Ah ! Périclès, si seulement j'avais pu te fréquenter alors que tu te surpassais toi-même en ces matières !

Mémorables, I, 40-46

Une autre réplique insolente.

Un jour qu'il voulait voir Périclès, il vint à sa porte, mais on lui dit qu'il était occupé et qu'il examinait de quelle façon il rendrait des comptes aux Athéniens :

— Ne ferait-il pas mieux, dit Alcibiade en s'en allant, de chercher le moyen de ne pas avoir à en rendre ?

Plutarque, *Alcibiade*, 7, 3

Étonnamment, Diodore de Sicile rapporte la même anecdote en décrivant un enfant bienveillant qui veut aider son oncle Périclès à sortir d'une mauvaise affaire de détournement de fonds.

Comme il avait dépensé pour son usage personnel une assez grande partie de la somme et qu'on lui en demandait compte, il tomba malade, incapable de fournir une justification. Tandis qu'il se tourmentait pour cela, son neveu Alcibiade, un orphelin élevé chez lui, un enfant encore, lui trouva le moyen de se justifier : il avait remarqué le chagrin de son oncle et lui en demanda la raison.

– C'est, répondit Périclès, qu'on me demande de justifier l'emploi de l'argent et je cherche comment je pourrais en rendre compte aux citoyens.

Il devait chercher, dit Alcibiade, non pas à en rendre compte, mais à ne pas le rendre.

Périclès apprécia la répartie du jeune homme et chercha donc le moyen qui lui permettrait de lancer les Athéniens dans une grande guerre : ainsi, pensait-il, le désordre, les remous, la crainte qui s'empareraient de la cité lui éviteraient de rendre des comptes exacts.

Bibliothèque historique, XII, 38, 2-4

Terrible proposition qui entraîna les Athéniens dans un conflit meurtrier de 27 ans. Mais nous n'en sommes pas encore là[3].

Puis le philosophe Socrate s'éprendra du jeune éphèbe, l'invitera chez lui et tentera de parfaire son éducation. Et Alcibiade entrera en politique et deviendra un grand personnage d'Athènes « qui surpasserait même la puissance et la renommée dont Périclès jouissait en Grèce », comme l'écrit Plutarque.

On ne sait rien de plus sur la cohabitation avec Périclès et sa famille mais l'ambiance chez le stratège était austère et l'argent distribué avec parcimonie. Ce qui ne plaisait pas à ses fils et à son épouse.

Ce n'est pas qu'il se désintéressât complètement de la question d'argent ; mais, comme il ne voulait ni laisser dépérir par négligence le légitime héritage qu'il tenait de son père, ni se voir entraîner par là, occupé comme il était, dans beaucoup d'embarras et de pertes de temps, il avait imaginé une façon d'administrer sa maison qui lui avait paru la plus commode et la plus exacte. Il faisait vendre en une fois toute sa récolte de l'année, puis acheter au marché tout ce qui lui était nécessaire : tel était son genre de vie. Mais ce régime ne plaisait guère à ses enfants, devenus adultes, et les femmes de sa maison trouvaient qu'il les rationnait peu généreusement : tous se plaignaient de cette dépense calculée jour par jour

3. Voir p. 93 à 105.

et si strictement réduite qu'il n'y avait chez lui aucun
superflu, comme on en voit dans les grandes maisons
où les affaires sont prospères : toutes les dépenses et
toutes les recettes étaient exactement comptées et
mesurées. Celui qui maintenait un ordre si rigoureux
dans sa maison était un serviteur nommé Évangélos,
soit qu'il fût pour cela doué comme personne, soit
qu'il eût été formé à l'économie par Périclès.

Plutarque, *Périclès*, 16, 3-6

*Et peut-être que le tempérament d'Alcibiade parvint
peu à peu à déteindre sur le comportement de l'aîné de
Périclès...*

L'aîné de ses fils légitimes, Xanthippe, naturellement dépensier et marié à une femme jeune et
prodigue (c'était la fille de Tisandre et la petite-fille
d'Épilycos), supportait impatiemment la stricte économie de son père, qui lui mesurait chichement les
subsides et lui donnait peu à la fois. Aussi envoya-t-il
un jour demander de l'argent à un de ses amis, en
lui faisant croire que c'était Périclès qui l'en priait.
Quand, par la suite, l'ami redemanda son argent,
au lieu de le payer, Périclès lui intenta un procès.
Exaspéré, le jeune Xanthippe se mit à décrier son
père. Il essaya d'abord de le ridiculiser en colpor-
tant au dehors les conversations qu'il avait chez lui,
surtout ses entretiens avec les sophistes. C'est ainsi
qu'un athlète du pentathle ayant involontairement
frappé d'un javelot Épitimos de Pharsale et l'ayant

tué, Périclès, disait-il, avait passé toute une journée
à se demander avec Protagoras si c'était le javelot,
ou celui qui l'avait lancé ou les agonothètes[4] qu'il
fallait, selon la plus exacte logique, tenir pour les
auteurs de l'accident[5]. En outre les mauvais bruits
qui coururent sur Périclès à propos de la femme de
Xanthippe, c'est Xanthippe lui-même qui, au dire
de Stésimbrote, les répandit dans le public[6], et ce
désaccord subsista absolument inguérissable entre son
père et lui jusqu'à la fin, jusqu'au jour où Xanthippe
mourut de la peste[7].

Plutarque, *Périclès*, 36, 2-6

4. Présidents des jeux publics.
5. Un tribunal du sang jugeait bien « les accusations de
meurtre contre les objets inanimés et les animaux ». Aristote,
Constitution d'Athènes. 57, 4.
6. Voir p. 48.
7. Voir p. 116.

LE GRAND AMOUR

Autour des années 445, Périclès rencontre sa deuxième compagne, Aspasie.

Elle était originaire de Milet et fille d'Axiochos : tout le monde est d'accord là-dessus. On dit que, voulant rivaliser avec Thargélia, une ancienne courtisane d'Ionie, elle s'attaqua aux hommes les plus puissants. En effet, Thargélia, qui était d'une éclatante beauté et joignait l'habileté à la grâce, fut la maîtresse d'un grand nombre de Grecs[1] ; elle gagna au roi de Perse tous ceux qui l'approchèrent et, au moyen de ces hommes, qui étaient les plus puissants et les plus influents, elle sema dans les villes des germes de médisme[2].

Pour Aspasie, on dit qu'elle fut recherchée par Périclès pour sa science et pour sa sagesse politique. Et il est vrai que Socrate allait quelquefois chez elle avec ses amis et que les familiers de la maison d'Aspasie y conduisaient leurs femmes pour entendre sa conversation, bien qu'elle fît un métier qui n'était ni honnête ni respectable : elle formait de jeunes courtisanes. […]

1. D'après Athénée (13, 608 f) elle contracta 14 unions.
2. Pro-perse.

Et dans le *Ménexène* de Platon, quoique le début soit écrit sur le ton de la plaisanterie, il y a du moins un détail historique : c'est que cette simple femme passait pour enseigner l'art oratoire à plusieurs Athéniens[3].

Mais il paraît bien que l'attachement de Périclès pour Aspasie eut plutôt l'amour pour cause.

Il était marié à une de ses parentes, qui avait épousé en premières noces Hipponicos, dont elle avait eu Callias le riche ; elle avait donné deux fils à Périclès : Xanthippos et Paralos. Puis, la vie commune leur étant devenue pénible, il la passa, avec son consentement, à un autre mari, et lui-même prit Aspasie pour compagne et l'aima singulièrement.

On dit en effet qu'en sortant de chez lui et en rentrant de l'agora, chaque jour, il ne manquait jamais de la saluer et de l'embrasser.

Dans les comédies, on l'appelle la nouvelle Omphale ou Déjanire ou Héra. Cratinos la traite ouvertement de courtisane dans ces vers :

« Et la Débauche alors enfante pour Cronos
Cette Aspasie-Héra, la fille aux yeux de chienne. »

---

3. Voir ci-après.

Il paraît que Périclès eut d'elle le bâtard[4] au sujet duquel Eupolis, dans ses Dèmes, lui met dans la bouche cette question :

— Et mon bâtard, vit-il ?

À quoi Myronidès répond :

— Oui, et depuis longtemps même il serait un
[homme,
Si les mœurs de sa mère, une femme perdue,
Ne le faisaient frémir.

On dit qu'Aspasie fut tellement renommée et célèbre que Cyrus, celui qui fit la guerre au grand Roi pour l'empire de la Perse, donna le nom d'Aspasie à celle de ses concubines qu'il aimait le plus, et qui s'appelait auparavant Miltô […].

Plutarque, *Périclès*, 24, 3-12

Platon a imaginé un dialogue plein d'ironie entre Ménexène et Socrate au sujet d'Aspasie. Même si ce texte est fictif, il montre cependant que le grand philosophe ose mettre en scène une femme, fait rare, celle-ci ayant dû sûrement être célèbre en son temps et marquer les esprits, même érudits. Plutarque écrit : « Par quel art, par quel prestige cette femme domina les hommes d'État les plus

4. Périclès le Jeune. Voir p. 119.

influents et inspira aux philosophes une sincère et grande considération. »

De là à supposer qu'Aspasie écrivait les discours de Périclès...

SOCRATE. — Comment cela, mon bon ? Chacun de ces gens-là a des discours tout prêts, et d'ailleurs l'improvisation elle-même, en pareille matière, n'a rien de difficile. S'il s'agissait de louer des Athéniens devant des gens du Péloponnèse, ou des Péloponnésiens devant des gens d'Athènes, il faudrait un bon orateur pour persuader l'auditoire et obtenir du renom. Mais quand on entre en lice devant ceux-là mêmes dont on fait l'éloge, il n'est point malaisé de passer pour un bon orateur.

MÉNEXÈNE. — Tu ne le crois pas, Socrate ?

SOCRATE. — Certes non, par Zeus !

MÉNEXÈNE. — Te croirais-tu capable de prendre toi-même la parole, s'il le fallait et que tu fusses choisi par le Conseil ?

SOCRATE. — Moi aussi, bien sûr, Ménexène, il ne serait point surprenant que je fusse en état de parler. J'ai la chance d'avoir pour maître une femme des plus distinguées dans l'art oratoire. Entre beaucoup de bons orateurs qu'elle a formés, il y en a même un qui est le premier de la Grèce, Périclès, fils de Xanthippe.

MÉNEXÈNE. — Qui est-ce ? À coup sûr, c'est Aspasie dont tu veux parler.

SOCRATE. – C'est elle, en effet ; ajoute Connos, fils de Métrobios : voilà mes deux maîtres, l'un de musique, l'autre d'éloquence. Qu'un homme ainsi dressé soit habile à la parole, rien d'étonnant. Mais n'importe qui, même avec une éducation inférieure à la mienne, formé à la musique par Lampros, et à l'éloquence par Antiphon de Rhamnonte, serait pourtant capable, lui aussi, en louant des Athéniens à Athènes, d'acquérir du renom.

MÉNEXÈNE. – Et qu'aurais-tu à dire, s'il te fallait parler ?

SOCRATE. – De mon propre fonds, je ne tirerais probablement rien. Mais, pas plus tard qu'hier, j'écoutais Aspasie faire toute une oraison funèbre sur le même sujet. Elle avait appris, comme tu le dis toi-même, que les Athéniens allaient choisir l'orateur. Là-dessus, elle développa sur-le-champ devant moi une partie de ce qu'il fallait dire ; quant au reste, elle y avait déjà réfléchi, au moment, je suppose, où elle composait l'oraison funèbre prononcée par Périclès, et c'était des rognures de ce discours qu'elle soudait ensemble.

MÉNEXÈNE. – Te rappellerais-tu ce que disait Aspasie ?

SOCRATE. – Autrement, je serais bien coupable ; j'apprenais de sa bouche, et j'ai failli recevoir des coups parce que j'oubliais.

MÉNEXÈNE. – Qu'attends-tu donc pour l'exposer ?

SOCRATE. – Prends garde que mon maître ne se fâche contre moi, si je divulgue son discours !

MÉNEXÈNE. – Ne crains rien, Socrate, et parle. Tu me feras le plus grand plaisir, que ce soit d'Aspasie ou de tout autre que tu veuilles rapporter les propos. Parle seulement.

SOCRATE. – Mais peut-être vas-tu rire de moi, si je te parais, vieux comme je suis, m'adonner encore au badinage.

MÉNEXÈNE. – Point du tout, Socrate. Parle, de toute façon.

SOCRATE. – Eh bien, assurément, il me faut te complaire ; au point que si tu m'invitais à quitter mon manteau pour danser, je serais presque disposé à te faire ce plaisir, puisqu'aussi bien nous sommes seuls. Écoute donc. Commençant son discours par les morts eux-mêmes, elle s'exprimait, si je ne me trompe, de la manière suivante :

« En ce qui concerne les actes, ceux-ci ont reçu les égards qui leur étaient dus, et, après les avoir obtenus, ils font le voyage fatal, accompagnés à la tombe par le cortège public de la cité, et par le cortège privé de leurs proches. En ce qui regarde la parole, l'hommage qu'il reste à leur accorder, la loi nous prescrit de le rendre à ces hommes, et c'est un devoir. Les belles actions, en effet, grâce à un beau discours, valent à leurs auteurs le souvenir et l'hommage de l'auditoire. Il faut donc un discours capable de fournir aux morts une glorification suffisante, et aux vivants des recommandations bienveillantes, en exhortant descendants et frères à imiter la vertu de ces hommes, et aux pères, aux mères, aux ascendants plus lointains, s'il en reste encore, en donnant à ceux-là des consolations. Quel discours découvrir qui ait ce caractère ? Par où commencer dignement l'éloge de braves, qui, vivants, faisaient par leur vertu la joie des leurs, et qui ont acheté de leur mort le salut des vivants ? Je crois nécessaire de suivre l'ordre de la nature, qui a fait d'eux des gens de cœur, en réglant sur lui mon éloge. Gens de cœur, ils le furent, parce qu'ils avaient pour pères des gens de cœur. Célébrons donc d'abord leur bonne naissance ; en second lieu, la nourriture et l'éducation qu'ils ont reçues. Faisons voir ensuite l'accomplissement de leurs exploits, en montrant que son éclat fut digne de ces avantages [...]. »

Tu as là, Ménexène, le discours d'Aspasie de Milet.

MÉNEXÈNE. – Par Zeus ! Socrate, Aspasie est bien heureuse, d'après toi, si elle peut, elle une simple femme, composer de pareils discours !

SOCRATE. – Si tu ne le crois pas, suis-moi, et tu l'entendras elle-même.

MÉNEXÈNE. – Plus d'une fois, Socrate, j'ai rencontré Aspasie, et je sais ce qu'elle vaut.

SOCRATE. – Eh bien, ne l'admires-tu pas ? Et ne lui sais-tu pas gré aujourd'hui de son discours ?

MÉNEXÈNE. – Si, Socrate ; je suis même, pour ma part, fort reconnaissant de ce discours à Aspasie ou à celui qui te l'a débité, quel qu'il soit. Et fort reconnaissant, en outre, à celui qui l'a reproduit.

SOCRATE. – Voilà qui va bien. Mais garde-toi de me dénoncer, si tu veux que je te rapporte encore beaucoup de beaux discours politiques tenus par elle.

MÉNEXÈNE. – Rassure-toi, je ne te dénoncerai pas, pourvu que tu me les rapportes.

SOCRATE. – C'est entendu.

Platon, *Ménexène*, 235 d-237 b, 249 de

Cicéron cite Eschine au sujet d'un dialogue savoureux entre Aspasie, la femme de Xénophon, et Xénophon lui-même. Est-ce ainsi qu'Aspasie enseignait l'art de séduire à ses courtisanes ?

Aspasie :

– Dis-moi, je t'en prie, femme de Xénophon, si ta voisine possédait un bijou en or de meilleure qualité que le tien, préférerais-tu le sien ou le tien ?

– Le sien, répondit-elle.

– Et si ses vêtements, sa parure féminine étaient d'un prix plus élevé que les tiens, préférerais-tu les tiens ou les siens ?

Elle répondit :

– Les siens, évidemment.

– Allons ! Si elle avait un mari meilleur que le tien, préférerais-tu ton mari ou le sien ?

À cette question, la femme rougit.

Aspasie se mit alors à parler à Xénophon :

– Xénophon, je t'en prie, dit-elle, si ton voisin avait un cheval meilleur que le tien, que préférerais-tu ton cheval ou le sien ?

– Le sien, répliqua-t-il.

– Et s'il avait une meilleure propriété que la tienne, laquelle préférerais-tu posséder ?

– La meilleure, évidemment, dit-il.

– Et s'il avait une femme meilleure que la tienne, préférerais-tu la tienne ou la sienne ?

À cette question Xénophon se tut aussi.

Aspasie ajouta :

– Puisque le seul point sur lequel vous ne m'avez pas répondu tous deux, c'est celui que j'aurais voulu entendre, je vous dirai ce que vous pensez, l'un et l'autre. En effet, toi, femme, tu veux avoir le meilleur mari et toi, Xénophon, tu veux avant tout avoir la femme la plus parfaite. C'est pourquoi, à moins que vous n'arriviez à faire en sorte qu'on ne trouve sur la terre de mari ni de femme meilleurs, il est évident que vous désirerez sans cesse violemment ce que vous considérez comme le mieux, c'est-à-dire, toi, être marié à la meilleure des épouses et elle, l'être au meilleur des maris...

De l'invention, I, 31

Aspasie donnera un fils à Périclès, qui prendra le nom de son père, et accompagnera son grand homme jusqu'à sa mort. Puis elle se remariera.

Eschine rapporte que Lysiclès[5] le marchand de moutons, homme sans naissance et vulgaire, devint

5. Il devint l'un des chefs du parti démocratique après la mort de Périclès.

à son tour le premier des Athéniens, pour avoir vécu
avec Aspasie, après la mort de Périclès.

Plutarque, *Périclès*, 24, 6

SEUL AU POUVOIR

En 443, après le bannissement de Thucydide, l'oppo-
sition est démantelée. La démocratie peut enfin s'épanouir
et Périclès parvenir au sommet de son art.

Les divisions ayant dès lors complètement cessé
et la ville étant devenue pour ainsi dire harmonieuse
et parfaitement une, Périclès tint dans ses seules
mains Athènes et les affaires qui dépendaient des
Athéniens : les tributs, les armées, les trières, les îles,
la mer, la puissance considérable que la ville avait
acquise parmi les Grecs et même parmi les Barbares,
l'hégémonie appuyée sur l'obéissance des peuples
sujets, ainsi, que sur l'amitié des rois et l'alliance
des dynastes. Dès lors, il ne fut plus le même : il ne
se montra plus aussi complaisant pour le peuple,
ni prêt à plier et à céder aux souffles des passions
populaires. Il tendit les ressorts du gouvernement et,
de cette démocratie molle et parfois relâchée comme
une musique tendre et languissante, il fit un régime
aristocratique et royal, dont il usa pour pratiquer
une politique droite et inflexible qui ne visait qu'au
bien. La plupart du temps le peuple le suivait de son
plein gré, et c'est par la persuasion et les conseils
qu'il le conduisait ; mais parfois aussi le peuple se
cabrait ; alors Périclès lui serrait les rênes, l'amenait
à voir son véritable intérêt et ainsi le domptait. En

cela, il imitait exactement le médecin qui, au cours
des phases diverses d'une longue maladie, prescrit
à propos tantôt des mets agréables et anodins, tantôt des remèdes douloureux, mais qui sauvent le
malade. Dans une foule qui possédait un empire si
considérable, naturellement des passions de toute
sorte se faisaient jour. Périclès était seul capable de
les traiter comme il convenait. Il usait surtout de
l'espérance et de la crainte, comme de gouvernails,
soit pour rabattre l'audace des Athéniens, soit pour
les relever et les consoler, quand ils étaient décou-
ragés. Il fit voir que la rhétorique est bien, selon le
mot de Platon, une « psychagogie » et que sa tâche
essentielle est de bien manier les caractères et les
passions de l'âme, qui, tout comme les cordes et les
sons d'une lyre, réclament un toucher et un doigté
tout à fait justes. Cette autorité, ce n'était pas à la
simple puissance de sa parole qu'il la devait ; c'était,
comme le dit Thucydide, à l'estime qu'on avait pour
sa conduite et à la confiance qu'inspirait un homme
manifestement tout à fait incorruptible et au-dessus
de toutes les richesses. Il avait rendu très grande et
très riche la ville, de grande qu'elle était, et lui-même
finit par surpasser en puissance beaucoup de rois et
de tyrans, même de ceux qui laissèrent leur pouvoir
en héritage à leurs fils, et pourtant, quant à lui, il
n'augmenta pas d'une drachme la fortune que son
père lui avait laissée.

Si Thucydide dépeint clairement la puissance de
Périclès, les poètes comiques, eux, nous la font voir

par des allusions malignes : ils traitent ses partisans de nouveaux Pisistratides ; ils veulent qu'on lui fasse jurer qu'il ne se fera pas tyran, laissant entendre que sa prééminence s'accordait mal avec la démocratie et pesait trop lourdement sur elle [...].

Plutarque, *Périclès*, 15-16, 1

Et son gouvernement ne fut pas un accident momentané, l'apogée ou la fleur d'une carrière pendant une rapide saison, mais durant quarante ans il tint le premier rang parmi les Éphialtès, les Léocratès, les Myronidès, les Cimon, les Tolmidès et les Thucydide. Après la chute et le bannissement de ce dernier, bien que la charge de stratège fût annuelle, il n'en garda pas moins, continûment, pendant quinze ans de suite, cette seule charge et le pouvoir qu'elle conférait. Jamais il ne se laissa corrompre par les richesses.

Plutarque, *Périclès*, 16, 3

Cette conduite ne s'accordait guère avec le genre de sagesse d'Anaxagore, s'il est vrai que celui-ci abandonna sa maison et laissa ses terres en friche, en pâture aux moutons, sous le coup d'une inspiration divine et par grandeur d'âme. C'est que, j'imagine, il y a une grande différence entre la vie du philosophe contemplatif et celle de l'homme d'État. L'un applique sa pensée au Beau sans se servir d'aucun instrument ni avoir besoin de matière extérieure ;

pour l'autre, dont les talents s'exercent au milieu des affaires humaines, il est des cas où la richesse n'est pas seulement nécessaire, mais doit être comptée parmi les belles choses, comme elle l'était par Périclès, qui venait en aide à beaucoup d'indigents. C'est ce qu'il fit pour Anaxagore lui-même. On dit que ce philosophe, devenu vieux, se voyant négligé par Périclès qui était trop occupé, se coucha, se voila la tête et voulut se laisser mourir de faim. Le bruit en arriva aux oreilles de Périclès. Consterné de cette nouvelle, il courut aussitôt chez son ami, lui adressa prières sur prières, en déplorant, non pas le sort du philosophe, mais le sien, s'il devait perdre un tel conseiller politique. Alors Anaxagore se dévoila et lui dit :

— Ô Périclès, ceux qui ont besoin de la lampe y versent de l'huile.

Plutarque, *Périclès*, 16, 7-9

Alors Périclès propose de réunir tous les peuples afin de parler de paix et de prospérité.

Cependant les Spartiates commençaient à prendre ombrage des accroissements d'Athènes. Pour exalter encore la fierté du peuple et lui persuader qu'il était fait pour les grandes entreprises, Périclès proposa un décret invitant tous les Grecs, en quelque endroit de l'Europe ou de l'Asie qu'ils fussent établis, toutes les villes petites ou grandes, à envoyer des députés en congrès à Athènes, pour délibérer sur les temples incendiés par les Barbares, sur les sacrifices dus aux dieux en accomplissement des vœux qu'on leur avait faits pour la Grèce au temps de la lutte contre les Perses, enfin sur la mer et sur les moyens d'assurer à tous la sûreté de navigation et la paix.

À cette fin on envoya vingt hommes choisis parmi ceux qui avaient dépassé la cinquantaine : cinq allèrent convoquer les Ioniens et les Doriens d'Asie et les insulaires jusqu'à Lesbos et Rhodes ; cinq parcoururent l'Hellespont et la Thrace jusqu'à Byzance ; cinq autres furent envoyés en Béotie, en Phocide et dans le Péloponnèse, et de là, à travers la Locride, sur le continent voisin, jusqu'à l'Acarnanie et à l'Ambracie ; les cinq derniers enfin se rendirent par l'Eubée chez les Œtéens, les peuples du golfe Maliaque, les Achéens phthiotes et les Thessaliens.

Ces envoyés engagèrent tout le monde à venir prendre part aux débats sur la paix et les intérêts communs de la Grèce.

Mais rien ne se fit, les villes ne s'assemblèrent pas en congrès. On dit que les Spartiates s'y opposèrent sourdement et que c'est dans le Péloponnèse que la tentative échoua d'abord. Je n'en ai pas moins rapporté le fait, pour montrer la hauteur de vues et la grandeur d'âme de Périclès.

Plutarque, *Périclès*, 17

LE GENDARME
DE LA MÉDITERRANÉE

De 449 au début de la guerre du Péloponnèse en 432, chaque année voit son lot de conflits qui éclatent sporadiquement en Méditerranée. Outre l'exaspération des peuples et des cités face à l'hégémonie grandissante d'Athènes et à l'essaimage de ses citoyens par la fondation de clérouquies, la tension monte entre la cité démocratique et la Sparte militaire et totalitaire, jalouse du pouvoir expansionniste de Périclès. Seule l'année 442 fut calme.

Au cours de ces conflits, Périclès est toujours à la tête de ses hommes.

Comme stratège, il était surtout estimé pour la sécurité qu'il assurait à ses troupes et parce qu'il n'engageait pas volontairement de bataille qui comportât trop d'incertitude et de danger. Il n'enviait pas et n'imitait point les généraux qu'on admirait comme de grands hommes parce qu'une chance éclatante avait couronné leur témérité. Il disait souvent à ses concitoyens que, dans la mesure où cela dépendait de lui, ils échapperaient toujours à la mort[1].

Plutarque, *Périclès*, 18, 1

1. Voir p. 120.

Le peuple rêvait pourtant de conquérir d'autres pays.

D'ailleurs, Périclès ne cédait pas aux impulsions de ses concitoyens et ne se laissait pas entraîner, lorsque, enflés de leur force et de leur fortune, ils s'exaltaient jusqu'à vouloir s'attaquer de nouveau à l'Égypte et soulever les provinces maritimes du roi de Perse. Déjà beaucoup d'entre eux étaient possédés de cette malheureuse et funeste passion pour la Sicile, qu'Alcibiade et les orateurs de son parti achevèrent d'enflammer par la suite. Quelques-uns mêmes rêvaient de l'Étrurie et de Carthage, rêve qui n'était pas entièrement chimérique, étant donné la grandeur de leur empire d'alors et la prospérité de leurs affaires.

Plutarque, *Périclès*, 20, 3

449-447, la guerre sacrée est la énième épreuve de force contre les Spartiates.

Mais Périclès contenait cette envie de courir les aventures et réprimait cette humeur remuante. Il employait le gros des forces de la ville à garder et à affermir ses possessions, persuadé que c'était déjà une rude tâche que de tenir en échec les Spartiates, dont il fut toujours l'adversaire, comme il le fit voir en maintes circonstances, et notamment par son intervention dans la guerre sacrée. Les Spartiates étaient venus en armes à Delphes, où ils avaient rendu aux Delphiens le sanctuaire occupé par les Phocidiens. Ils ne furent pas plus tôt partis que

Périclès s'y porta avec une armée et rétablit l'autorité des Phocidiens. Et comme les Spartiates avaient
obtenu des Delphiens le droit de consulter l'oracle
avant tout autre, et l'avaient fait graver sur le front
du loup de bronze, Périclès, ayant reçu lui aussi le
même privilège pour les Athéniens, le fit graver sur
le côté droit du même loup.

Plutarque, *Périclès*, 21

En 447, Périclès s'oppose à l'attaque de la Béotie.

Voyant que Tolmidès, fils de Tolmaïos, en raison
de ses succès antérieurs et de l'estime singulière
que lui avaient value ses exploits guerriers, voulait
maladroitement se jeter sur la Béotie, après avoir
persuadé les plus braves et les plus avides de gloire
parmi les citoyens d'âge militaire de se joindre à
lui en qualité de volontaires (ils étaient mille sans
compter les autres troupes), Périclès essaya de le
retenir par ses mises en garde, et dit dans l'assemblée du peuple ce mot fameux que, si Tolmidès ne
voulait pas écouter Périclès, il ferait bien d'attendre
l'avis du plus sage des conseillers, le temps. Sur le
moment, ce mot eut peu de succès, mais, quelques
jours après, quand on apprit que Tolmidès lui-même,
battu à Coronée[2], avait trouvé la mort et causé celle
de beaucoup de bons citoyens, cela valut à Périclès

2. Où meurt également Clinias, le père d'Alcibiade. Voir
p. 51 et suivantes.

l'estime et la sympathie qui vont à un homme avisé
et soucieux du bien de ses concitoyens.

Plutarque, *Périclès*, 18, 2-3

Diodore ajoute :

Mais les Béotiens firent front commun et lui
tendirent une embuscade ; il s'ensuivit une bataille
acharnée à Coronée, au cours de laquelle Tolmidès
tomba les armes à la main, tandis que les Athéniens
furent en partie massacrés, en partie capturés. Après
un tel désastre, Athènes dut, pour récupérer les
prisonniers, reconnaître l'autonomie de toutes les
cités béotiennes.

Bibliothèque historique, VI, 2

En 446, des soulèvements se succèdent. Les peuples
supportent de moins en moins le pouvoir d'Athènes. Périclès
agit comme il peut.

Qu'il eût raison de retenir en Grèce les forces
d'Athènes, les événements en témoignèrent en sa
faveur. D'abord les Eubéens firent défection ; il passa
chez eux avec une armée. Aussitôt après, on annonça
que les Mégariens étaient partis en guerre contre
Athènes et qu'une armée péloponnésienne sous les
ordres de Plistonax, roi des Spartiates, se trouvait aux
frontières de l'Attique. Périclès revint en toute hâte de
l'Eubée pour diriger la guerre en Attique. Cependant
il n'osa pas en venir aux mains avec les nombreux et
vaillants hoplites qui lui offraient la bataille. Mais,

voyant que Plistonax était extrêmement jeune et qu'il prenait surtout conseil de Cléandridas, que les éphores[3] avaient envoyé pour veiller sur lui et lui prêter l'assistance dont son âge avait besoin, il fit sonder secrètement ce conseiller. Il eut vite fait de le corrompre à prix d'argent et il le détermina à retirer de l'Attique l'armée péloponnésienne. Quand elle fut partie et que chaque contingent eut regagné sa ville, les Spartiates indignés condamnèrent le roi à une amende si forte qu'il ne put la payer et s'exila de Sparte, et ils prononcèrent la peine de mort contre Cléandridas qui avait pris la fuite.

Plutarque, *Périclès*, 22, 1-3

À la fin de cette année…

En rendant les comptes de sa charge de stratège, Périclès inscrivit une somme de dix talents comme dépensée « par nécessité ». Le peuple approuva sans s'informer davantage et sans l'interroger sur ce qu'il tenait secret. Certains auteurs, parmi lesquels le philosophe Théophraste, racontent que chaque année dix talents prenaient le chemin de Sparte, dont Périclès se conciliait ainsi tous les chefs pour éloigner la guerre. Il achetait de cette façon, non la paix, mais le temps nécessaire pour se préparer tranquillement à faire la guerre dans de meilleures conditions.

Plutarque, *Périclès*, 23, 1-2

3. Magistrats de Sparte.

Puis, à nouveau, l'Eubée…

Il se tourna de nouveau contre les rebelles, passa en Eubée avec cinquante navires et cinq mille hoplites et soumit les villes. De Chalcis, il chassa ceux qu'on appelait les Hippobotes[4] et qui étaient les citoyens les plus riches et les plus considérés. À Hestiée, il expulsa tous les habitants et installa des Athéniens à leur place. Ils furent les seuls à l'égard desquels il fut inexorable, parce que, ayant capturé un vaisseau athénien, ils en avaient massacré l'équipage.

Plutarque, *Périclès*, 23, 3-4

Après ces événements, Athènes et Sparte signent un traité de paix pour trente ans.

En 445, politique de protection.

De toutes ses expéditions, la plus populaire fut celle de la Chersonèse, qui apporta le salut aux Grecs établis dans ce pays. Car non seulement il renforça la population des villes en y amenant mille colons, mais encore il ceignit l'isthme de retranchements et de remparts qui s'étendaient d'une mer à l'autre de façon à empêcher les incursions des Thraces répandus autour de la Chersonèse. Il ferma ainsi la porte à la guerre incessante et cruelle qui sévissait continuellement dans ce pays en rapports de voisinage avec les

---

4. Les « éleveurs de chevaux » formaient le parti aristocratique, favorable à Sparte, qui avait suscité la révolte contre Athènes.

Barbares et rempli de brigands à l'intérieur comme aux frontières.

Plutarque, *Périclès*, 19, 1

En 442, c'est curieusement le calme plat.

Sur toute l'étendue de la terre habitée, la plupart des peuples demeuraient tranquilles, presque tous étaient en paix. Les Perses et les Grecs étaient liés par deux traités ; l'un avait été conclu avec Athènes et ses alliés, et l'autonomie des cités grecques d'Asie y était reconnue ; mais un autre avait été signé avec Sparte, et il y était au contraire stipulé que ces cités étaient sujettes des Perses. De même, après la trêve de trente ans[5] conclue entre Athènes et Sparte, les Grecs observaient entre eux la paix.

Diodore de Sicile, *Bibliothèque historique*, XXVI, 2

Mais cela ne dure pas et en 441, Périclès intervient entre Milet et Samos. Milet, la ville natale de sa chère Aspasie…

Périclès fit décréter l'expédition navale contre Samos, sous prétexte que, sommés de mettre fin à la guerre contre Milet, les Samiens refusaient d'obéir. […]

On accuse Périclès de l'avoir fait voter en étant sensible avant tout à l'intérêt des Milésiens et à la prière d'Aspasie.

5. En 446.

Les deux villes se faisaient la guerre au sujet de Priène. Les Samiens ayant eu l'avantage, les Athéniens leur ordonnèrent de baisser les armes et de venir discuter devant eux de ce litige. Ils refusèrent.

En conséquence, Périclès prit la mer, renversa le gouvernement oligarchique qui régissait Samos, et prit comme otages cinquante notables et autant d'enfants qu'il envoya à Lemnos.

On dit que chacun des otages lui offrit un talent pour recouvrer sa liberté et que beaucoup d'autres richesses lui furent offertes par ceux qui ne voulaient point du gouvernement démocratique dans la ville. En outre, le Perse Pissouthnès, qui avait de l'amitié pour les Samiens, lui envoya dix mille statères d'or pour obtenir la grâce de la ville. Périclès refusa tout ; il traita les Samiens comme il avait résolu de le faire et, après leur avoir donné un gouvernement populaire, il revint à Athènes.

Aussitôt ils se révoltèrent : Pissouthnès leur avait rendu leurs otages, qu'il avait enlevés furtivement, et ils avaient tout préparé en vue de la guerre. Périclès reprit la mer pour les soumettre. Loin d'être inactifs ou de céder à la peur, ils étaient pleins d'ardeur et bien résolus à disputer aux Athéniens l'empire de la mer. Un violent combat naval s'étant engagé au large de l'île qu'on appelle Tragiaï, Périclès remporta une éclatante victoire. Avec quarante-quatre vaisseaux, il en coula soixante-dix, dont vingt transportaient des soldats.

Vainqueur, Périclès les poursuivit, s'empara du port et mit le siège devant leur ville. Cependant les

Samiens osaient encore, de temps à autre, faire des sorties et combattre avec acharnement devant leurs murs. Mais il arriva d'Athènes une autre flotte plus forte que la première et les Samiens furent complètement bloqués. Alors Périclès, prenant avec lui soixante trières, cingla vers la mer extérieure[6].

Plutarque, *Périclès*, 24, 1, 25-26, 1

Erreur de tactique de Périclès. En l'absence de leur meilleur stratège, la flotte grecque est vaincue. Les Athéniens doivent rentrer chez eux, la honte marquée sur leur front au fer rouge comme de vulgaires esclaves proches du bétail.

La plupart des historiens disent qu'il voulait aller à la rencontre d'une flotte phénicienne qui s'avançait au secours des Samiens et livrer une bataille décisive le plus loin possible, mais, d'après Stésimbrote, c'est à Chypre qu'il allait, ce qui ne paraît pas vraisemblable. Qu'il eût formé l'un ou l'autre de ces projets, il parut que c'était une erreur. Car, lorsqu'il fut parti, Mélissos, fils d'Ithagénès, un philosophe qui commandait alors l'armée des Samiens, méprisant le petit nombre des vaisseaux athéniens ou l'inexpérience de leurs stratèges, persuada ses concitoyens de les attaquer.

Le combat s'engage ; les Samiens sont vainqueurs, prennent beaucoup de monde aux ennemis, leur coulent un grand nombre de vaisseaux et, se trouvant maîtres de la mer, se procurent toutes les provisions

6. La mer Egée est une mer intérieure pour les Grecs.

qui leur manquaient auparavant pour soutenir la guerre. Aristote dit que Périclès lui-même avait déjà auparavant été battu sur mer par Mélissos.

Les Samiens, pour rendre à leurs ennemis l'outrage qu'ils en avaient reçu, marquèrent d'une chouette le front de leurs prisonniers, comme les Athéniens avaient imprimé une samienne au front des leurs.[7]

Plutarque, *Périclès*, 26, 1-4

Riposte volontaire et pugnace de Périclès.

Quoi qu'il en soit, Périclès, informé de la défaite de son armée, se porte en hâte à son secours.

Il trouve en face de lui les troupes de Mélissos rangées en bataille ; il les bat, les met en fuite et les renferme aussitôt dans la ville, qu'il assiège. Il voulait vaincre et prendre la ville à force de dépenses et de temps plutôt qu'en exposant ses concitoyens aux blessures et aux dangers. Mais, comme les Athéniens, ennuyés de la longueur du siège, ne demandaient qu'à combattre et qu'il était difficile de les contenir, il divisa toute son armée en huit corps. Il les faisait tirer au sort, et celui qui avait tiré la fève blanche pouvait à son aise se donner du bon temps et rester oisif, tandis que les autres peinaient.

---

7. « La samienne est un vaisseau dont la proue est retroussée en forme de groin, un vaisseau par ailleurs ventru et plus creux que les autres, de façon qu'il puisse à la fois être lourdement chargé et marcher vite. On lui a donné ce nom parce que le premier navire de cette forme fut construit à Samos par le tyran Polycrate. » Plutarque, *Périclès*, 26, 4.

C'est, dit-on, d'après cette fève blanche que l'on appelle jours blancs ceux que l'on passe à se divertir.

Éphore dit que Périclès se servit alors de machines de siège, invention nouvelle qui lui parut merveilleuse, et qu'il avait avec lui l'ingénieur Artémon, qui était boiteux et se faisait porter en litière aux travaux qui réclamaient sa présence. [...]

Les Samiens se rendirent après huit mois de siège. Périclès détruisit leurs murs, prit leurs vaisseaux et leur infligea une forte amende, dont ils payèrent aussitôt une partie et s'engagèrent, en livrant des otages, à payer le reste en un temps fixé[8].

Plutarque, *Périclès*, 27-28, 1

Retour triomphal du général vainqueur.

Quand Périclès fut revenu à Athènes après avoir soumis Samos, il fit faire des funérailles magnifiques à

8. Trait de cruauté de Périclès ou propagande ? : « Douris de Samos a dramatisé ces événements : il accuse les Athéniens et Périclès d'une extrême cruauté, dont ni Thucydide, ni Éphore, ni Aristote n'ont fait mention. Il semble bien qu'il fausse la vérité quand il rapporte que Périclès amena sur la place publique de Milet les triérarques et les soldats de marine des Samiens, les attacha pendant dix jours à des planches et, alors qu'ils étaient déjà à moitié morts donna l'ordre de les achever, en leur cassant la tête à coups de massue, puis fit jeter leurs corps sans sépulture. Douris, qui n'a pas l'habitude, même lorsqu'il n'est pas aveuglé par une passion personnelle, de s'en tenir à l'exacte vérité dans ses récits, semble avoir ici, plus que jamais, exagéré les malheurs de sa patrie pour dénigrer les Athéniens. » Plutarque, *Périclès*, 28, 2-3.

ceux qui étaient morts pendant la guerre et prononça
sur leurs tombes, suivant l'usage, un discours qui
souleva l'admiration.

Quand il descendit de la tribune, les femmes
le saluèrent de la main et lui ceignirent la tête de
couronnes et de bandelettes comme à un athlète vainqueur. Seule, Elpinice[9], s'approchant de lui, dit :

— Ce que tu as fait, Périclès, est certes admirable
et tu mérites bien d'être couronné, toi qui nous as fait
tuer une foule de braves soldats, non pas pour faire
la guerre à des Phéniciens ni à des Perses, comme
mon frère Cimon, mais pour subjuguer une ville qui
est notre alliée et notre sœur de race !

En entendant Elpinice parler ainsi, Périclès sourit et,
sans s'émouvoir, lui répondit par ce vers d'Archiloque :

— Vieille comme tu es, te parfumer ainsi !

Ion rapporte que la défaite de Samos lui inspira
un orgueil immense, extraordinaire, parce qu'il avait
soumis en neuf mois les plus puissants et les premiers
des Ioniens, alors qu'Agamemnon avait mis dix ans
à prendre une ville barbare. C'était là d'ailleurs un
sentiment justifié ; car il faut reconnaître que la
guerre avait comporté beaucoup d'incertitude et un
grand risque, s'il est vrai, comme le dit Thucydide,
que Samos faillit de très peu enlever l'empire de la
mer aux Athéniens.

Plutarque, *Périclès*, 28, 4-8

9. Voir p. 35.

LES ANNÉES SOMBRES

De 438 à 430, une vague de fondamentalisme déferle sur la société athénienne. Les devins, craignant d'être désavoués par les théories contestataires d'Anaxagore et de Socrate, intentent des procès d'impiété dans ce contexte de liberté d'expression qui voit l'explosion du nombre de procédures déclenchées pour le moindre litige comme, par exemple, les meurtres contre les objets inanimés d'après Aristote.

Coup sur coup, Périclès sera éclaboussé par des actions lancées contre ses proches.

D'abord Anaxagore…

Diopéithès[1] rédigea un décret en vertu duquel on poursuivrait pour crime contre l'État ceux qui ne croyaient pas aux dieux et qui enseignaient des doctrines relatives aux phénomènes célestes : il visait ainsi Périclès à travers Anaxagore. Le peuple ayant reçu et admis ces dénonciations, on lui fit ratifier aussitôt après un décret proposé par Dracontidès, portant que Périclès rendrait compte de sa gestion financière devant les prytanes[2], et que les juges, siégeant à l'Acropole, prendraient leurs bulletins de vote sur l'autel. Mais Hagnon fit supprimer du

1. Un devin comme Lampon. Voir p. 22-23.
2. Membres du bureau exécutif de la *Boulé*. Voir note 1 p. 34.

décret cette dernière disposition et décider que l'affaire serait portée devant quinze cents juges, et que l'on pourrait exercer les poursuites soit pour vol et concussion, soit pour préjudice causé à l'État.

Plutarque, *Périclès*, 32, 2-4

Puis Phidias…

Le sculpteur Phidias avait eu la commande au forfait de la statue d'Athéna[3]. Or il était devenu l'ami de Périclès et jouissait auprès de lui d'un grand crédit. Aussi avait-il beaucoup d'ennemis personnels qui le jalousaient, tandis que d'autres voulurent éprouver sur lui comment le peuple jugerait Périclès. Ils subornèrent un certain Ménon, auxiliaire de Phidias, et le placèrent à l'agora dans l'attitude d'un suppliant, demandant à être protégé pour dénoncer et accuser le sculpteur. Le peuple accueillit la demande de cet homme et la poursuite fut décrétée dans l'assemblée.

Mais Phidias ne fut pas convaincu de vol, car, dès le début, il avait, sur le conseil de Périclès, plaqué l'or à la statue et en avait enveloppé celle-ci de telle sorte qu'on pût le détacher tout entier et en vérifier le poids, et c'est ce que Périclès ordonna aux accusateurs de faire.

Néanmoins Phidias était en butte à l'envie à cause de la réputation de ses œuvres, et notamment parce que, en représentant sur le bouclier de la déesse le

3. Voir p. 47.

combat des Amazones, il y avait ciselé une figure à
sa ressemblance, sous la forme d'un vieillard chauve
qui soulève une pierre avec ses deux mains, et qu'il y
avait mis une très belle image de Périclès combattant
contre une Amazone. Le geste de la main, qui brandit
une lance devant les yeux de Périclès, est habilement
représenté et semble vouloir cacher la ressemblance
qui apparaît cependant des deux côtés.

Phidias, traîné en prison, y mourut de maladie,
ou, selon d'autres, du poison que lui firent prendre
les ennemis de Périclès, de façon à en rejeter la responsabilité sur l'homme d'État. Quant à Ménon, son
dénonciateur, le peuple, sur la proposition de Glaucon,
lui accorda l'exemption d'impôts et enjoignit aux
stratèges de veiller à la sûreté de cet homme.

Plutarque, *Périclès*, 31, 2-5

Et aussi Aspasie.

Aspasie fut traduite en justice pour impiété, sur la
plainte du poète comique Hermippos qui l'accusait
en outre de recevoir chez elle des femmes libres pour
des rendez-vous avec Périclès.

Plutarque, *Périclès*, 32, 1

Périclès tente tout pour protéger ses amis.

Pour Aspasie, Périclès obtint sa grâce, à ce que
dit Eschine, à force de verser des larmes pour elle
durant le procès et en implorant les juges. Mais,

craignant pour Anaxagore, il le fit sortir de la ville. Enfin, après l'échec qu'il avait subi devant le peuple à propos de Phidias, il eut peur du tribunal et c'est pourquoi il alluma la guerre qui s'annonçait et couvait sous la cendre. Il espérait par là dissiper les accusations et affaiblir l'envie, car, dans les grandes affaires et les grands périls où la ville serait engagée, elle ne pouvait s'en remettre qu'à lui, à cause du prestige et de l'autorité qu'il possédait. Tels furent, dit-on, les motifs pour lesquels il ne permit pas au peuple de céder aux Spartiates ; mais la vérité reste incertaine.

Plutarque, *Périclès*, 32, 5-6

LA GRANDE GUERRE

En 439 éclate la guerre de Corinthe.

Comme on voyait déjà monter la tempête de la guerre du Péloponnèse, Périclès persuada le peuple de porter secours aux Corcyréens, alors en guerre avec les Corinthiens, et de s'attacher cette île puissante par sa flotte, vu que l'on était à la veille d'être attaqué par les Péloponnésiens.

Le peuple ayant voté le secours, Périclès envoya Lacédémonios, fils de Cimon[1], avec dix vaisseaux seulement, comme pour se moquer de lui, car il y avait d'étroits liens de sympathie et d'amitié entre la maison de Cimon et les Spartiates. Dans ces conditions, si Lacédémonios ne faisait rien de grand ni de remarquable pendant son commandement, ce serait un motif de plus de l'accuser de laconisme. C'est pour cela que Périclès lui donna si peu de vaisseaux et le fit partir malgré lui. En général, d'ailleurs, il ne perdait pas une occasion de rabaisser les fils de Cimon, dont les noms n'étaient même pas, disait-il, ceux de vrais Athéniens, mais ceux d'étrangers et de métèques ; car l'un des fils de Cimon s'appelait Lacédémonios, un autre Thessalos, et un troisième Éléios[2], et on les disait

1. Voir p. 33 à 37.
2. Comme Lacédémone = Sparte, la région de Thessalie et la ville d'Élée.

tous fils d'une Arcadienne. Aussi blâmait-on Périclès
de n'avoir fourni, en envoyant ces dix vaisseaux, qu'un
secours insuffisant aux besoins des Corcyréens, tout en
procurant aux ennemis un grand prétexte aux railleries.
Il envoya donc d'autres vaisseaux en plus grand nombre
à Corcyre ; mais ils arrivèrent après la bataille.

Les Corinthiens irrités se plaignirent des Athéniens
à Sparte. Les Mégariens se joignirent à eux, accusant
les Athéniens de les exclure de tous les marchés et
de tous les ports dont ils étaient les maîtres, et de
les en écarter en violation du droit public et des
serments échangés entre les Grecs. De leur côté, les
Éginètes, qui se voyaient opprimés et traités avec violence, n'osant pas accuser ouvertement les Athéniens,
implorèrent secrètement l'appui des Spartiates. Sur
ces entrefaites, Potidée, ville soumise à Athènes,
mais colonie de Corinthe, ayant fait défection, les
Athéniens mirent le siège devant elle, ce qui précipita
la guerre. Cependant des ambassades furent envoyées
à Athènes, et le roi des Spartiates, Archidamos, essaya
de trancher la plupart des différends et de calmer les
alliés, et il semble que les autres griefs n'auraient
pas entraîné la guerre, si l'on avait pu résoudre les
Athéniens à abolir le décret relatif aux Mégariens et
à se réconcilier avec eux. Mais Périclès s'y opposa très
vivement et il excita le peuple à ne rien relâcher de
son animosité contre Mégare. Aussi est-ce lui qui fut
considéré comme seul responsable de la guerre.

Plutarque, *Périclès*, 29

En 432, la guerre du Péloponnèse est inévitable.

L'une de ces ambassades spartiates étant arrivée à Athènes, comme Périclès alléguait une loi qui interdisait de détruire la stèle sur laquelle le décret se trouvait inscrit, Polyalcès, l'un des ambassadeurs, s'écria, dit-on :

— Eh bien, ne la détruis pas, mais tourne-la de l'autre côté, ta stèle : il n'y a pas de loi qui s'y oppose.

Le mot fut trouvé drôle, mais Périclès n'en resta pas moins inflexible. Il avait sûrement contre les Mégariens quelque motif secret de haine personnelle. Celui qu'il donna ouvertement au nom de l'État, c'est qu'ils s'étaient approprié une partie du territoire sacré[3], et il fit décréter qu'on leur enverrait un héraut et que le même héraut irait se plaindre d'eux à Sparte. Ce décret, qui était de Périclès, s'en tenait à une revendication rédigée en termes sages et humains. Mais le héraut qu'on envoya, Anthémocritos, périt en route et sa mort fut imputée aux Mégariens. Alors Charinos proposa contre eux le décret suivant :

« Qu'il y ait entre les deux villes une haine n'admettant ni trêve ni négociation ; si un Mégarien met le pied en Attique, qu'il soit puni de mort ; quand les stratèges prêteront le serment traditionnel, ils jureront en outre d'envahir la Mégaride deux fois

---

3. À Éleusis où on célébrait des mystères liés au culte de la déesse Déméter.

par an ; Anthémocrite sera enterré près de la porte
Thriasienne. »

Les Mégariens se défendirent d'avoir tué
Anthémocritos et rejetèrent les causes de la guerre
sur Aspasie et Périclès. Ils citaient en preuve ces vers
célèbres et populaires des *Acharniens* :

> « De jeunes Athéniens, après s'être enivrés en
> [jouant au cottabe[4],
> Pour enlever la courtisane Simaetha se rendent
> [à Mégare.
> Alors les Mégariens, furieux et pareils à des
> [coqs de combat,
> Pour venger cet affront, s'en vont chez Aspasie
> [ravir deux courtisanes. »

Plutarque, *Périclès*, 30

Qui est responsable ?

Quelle fut l'origine de la guerre, c'est ce qu'il
n'est pas facile de déterminer ; mais, si le décret ne
fut pas abrogé, tous les historiens indistinctement
s'accordent à en rejeter la responsabilité sur Périclès.
Toutefois les uns disent que ce refus obstiné eut pour
causes une noble fierté et le sentiment qu'il agissait
pour le mieux ; car il ne considérait l'injonction

4. Ce jeu consistait à lancer quelques gouttes de vin restant
au fond d'une coupe en prononçant le nom de la personne
aimée ; selon que le vin atteignait ou non le but visé, on tirait
de là un présage heureux ou défavorable.

des Spartiates que comme une tentative pour voir jusqu'où iraient les concessions d'Athènes, et l'acceptation éventuelle comme un aveu de faiblesse ; tandis que, d'après les autres, c'est plutôt par l'effet d'une confiance présomptueuse, pour le plaisir de vaincre et pour montrer sa force, qu'il brava les Spartiates.

Mais le pire de tous les motifs, et qui pourtant a pour lui de nombreux témoignages, est…

… la peur de tous ces procès et surtout les accusations à son égard[5].

Plutarque, *Périclès*, 31, 1-2

Eté 431, l'ennemi envahit l'Attique.

Les Spartiates, persuadés que, si Périclès était renversé, ils trouveraient les Athéniens plus conciliants à tous égards, leur enjoignirent d'expulser les hommes entachés du sacrilège cylonien, dans lequel les ancêtres maternels de Périclès avaient trempé, comme l'indique le récit de Thucydide[6].

---

5. Voir p. 89 à 92.
6. *La Guerre du Péloponnèse*, I, 126-127. Un jour, l'oracle de Delphes dit à Cylon d'occuper l'Acropole d'Athènes. Ce qu'il fait avec ses amis lors des fêtes olympiques. Les Athéniens les assiègent. Au bout de quelques jours, mourant de faim et de soif, Cylon s'enfuit laissant ses amis se rendre aux Athéniens. Ceux-ci leur promettent de ne leur faire aucun mal. Mais ils les tuent ainsi que certains qui se sont placés

Mais la tentative tourna tout autrement que ne
l'attendaient ceux qui avaient envoyé l'ambassade.

Au lieu de soupçons et de calomnies, Périclès y
gagna plus de confiance encore et d'estime de la part
de ses concitoyens, comme étant le principal objet de
la haine et de la crainte des ennemis. C'est pourquoi,
avant même qu'Archidamos n'envahît l'Attique à la
tête des Péloponnésiens, il déclara aux Athéniens que,
si Archidamos, en ravageant le pays, s'abstenait de
toucher à ses propriétés, soit à cause de l'hospitalité
qui les unissait, soit pour donner à ses ennemis des
occasions de le calomnier, il ferait don à la ville de
ses terres et de ses fermes.

Les Spartiates et leurs alliés envahirent donc l'Attique avec une grande armée, conduite par le roi
Archidamos. Ils ravagèrent le pays et s'avancèrent
jusqu'à Acharnes[7], où ils établirent leur camp, persuadés que les Athéniens ne supporteraient pas cette
audace et que la colère et la fierté les porteraient à
leur livrer bataille.

Mais Périclès jugeait dangereux d'engager contre
soixante mille hoplites péloponnésiens et béotiens
(car tel était leur nombre lors de la première invasion) un combat où le sort même de la ville était en

---

sous la protection des déesses. Ces criminels sont décrétés
sacrilèges envers ces divinités et avec eux leur descendance.
Or Agaristé, la mère de Périclès était une des descendantes
de cette lignée maudite.

7. Voir p. 103.

jeu. Pour calmer ceux qui voulaient livrer bataille et s'indignaient de ce qui se passait, il leur disait que les arbres coupés et abattus repoussent en peu de temps, mais que, les hommes une fois tués, il n'est pas facile d'en retrouver.

Il ne réunissait pas le peuple en assemblée, de peur d'être contraint d'agir contre sa résolution.

De même qu'un pilote qui, lorsque le vent s'abat sur la mer, dispose tout pour le mieux, tend les cordages et met en œuvre son savoir-faire, sans se préoccuper des larmes et des supplications des passagers en proie au mal de mer et à la peur, de même Périclès, après avoir fermé la ville et veillé à sa sûreté en plaçant des gardes partout, ne se fiait qu'à ses propres calculs, et s'inquiétait peu des clameurs et des colères.

Cependant il était assailli de prières par beaucoup de ses amis, de menaces et d'accusations par ses ennemis, de chansons et de sarcasmes par les chœurs[8], qui le honnissaient et l'outrageaient sous prétexte qu'il conduisait la guerre en lâche et livrait l'État aux ennemis.

Cléon aussi s'acharnait contre lui ; car, dès ce moment, il profitait de la colère des citoyens contre Périclès pour se frayer un chemin vers le pouvoir [...].

Plutarque, *Périclès*, 33

---

8. Les chœurs comiques, c'est-à-dire les comédies.

Hiver 431, les Athéniens enterrent leurs premiers morts et Périclès déclame l'oraison funèbre. C'est l'occasion pour lui de rappeler le bien-fondé de ses décisions[9].

Puis Périclès décide de rassembler son peuple derrière les Longs Murs d'Athènes… avec leurs richesses et leurs armes.

Se préparer pour la guerre et faire rentrer tout ce qu'ils avaient dans la campagne, ne pas sortir pour livrer bataille, mais veiller sur la ville, en s'y renfermant, et mettre en état la flotte, qui faisait leur force, enfin tenir tout bien en main du côté des alliés, car, disait-il, la force de la ville provenait de ces rentrées en argent et le succès, à la guerre, tenait en général au discernement et aux réserves en argent. Et il les invitait à la confiance : il leur rentrait, en effet, normalement, 600 talents par an, représentant le tribut versé par les alliés à la ville, cela sans compter les autres revenus ; d'autre part, il leur restait encore, sur l'Acropole, 6 000 talents d'argent monnayé (le maximum avait été de 9 700 talents, sur lesquels on avait pris pour les Propylées de l'Acropole, pour les autres constructions, et pour Potidée) ; et, en dehors de cette somme, il y avait l'or et l'argent non monnayés figurant dans les offrandes publiques et privées, plus les objets sacrés servant aux processions et aux jeux, le butin fait sur les Perses, et tous autres trésors du même genre, le tout ne

9. Voir l'intégralité de l'oraison p. 137 à 149.

faisant pas moins de 500 talents ; à quoi il ajoutait encore les biens des autres sanctuaires, qui n'étaient pas sans importance ; ils auraient là des ressources à employer, et même, s'ils étaient absolument à bout, ils auraient les revêtements en or parant la déesse elle-même ; car, il le précisait, la statue comportait de l'or affiné pour un poids de 40 talents et celui-ci pouvait entièrement s'enlever[10] ; ces ressources, si on les employait, pour le salut public, devraient, déclara-t-il, être ensuite intégralement restituées.

Quant aux hoplites, il y en avait 13 000, sans compter les 16 000 qui occupaient les garnisons ou qui avaient la garde des murs. [...]

Il comptait en outre des cavaliers, formant, avec des archers à cheval, un total de 1 200 hommes ; des archers au nombre de 1 600 ; et des trières en état de prendre la mer, au nombre de 300 [...].

Thucydide, *La Guerre du Péloponnèse*, II, 13, 2-8

Les paysans résignés affluent vers la ville avec portes et volets et s'installent comme ils peuvent.

Les Athéniens, l'ayant entendu, se laissèrent gagner à ses raisons et ils se mirent à faire rentrer de la campagne les femmes et les enfants, ainsi que le matériel d'usage domestique et tous les éléments en bois qu'ils enlevaient aux maisons elles-mêmes : pour les troupeaux et les bêtes de somme, ils les

10. Voir p. 47.

firent passer en Eubée et dans les îles avoisinantes.
Mais comme la masse avait toujours été habituée à
vivre à la campagne, c'est avec peine que se faisait
l'exode. [...]

Tout comme les Athéniens avaient longtemps vécu
associés en ayant dans le pays des installations auto-
nomes, de même, après leur fusion politique, la plupart d'entre eux obéirent à l'habitude en conservant,
autrefois et plus récemment, jusqu'à notre guerre,
leurs groupements familiaux et leurs demeures dans
les campagnes ; aussi se prêtaient-ils malaisément à
cette transplantation, d'autant plus qu'ils venaient
seulement de remettre en état leurs aménagements,
après les guerres contre les Perses. Ils trouvaient
pénible et supportaient mal d'avoir à quitter des
maisons et des sanctuaires qui avaient toujours été
les leurs de père en fils, à dater de l'ancienne forme
d'organisation politique ; ils avaient aussi à changer
leur mode de vie et c'était bel et bien sa cité que
chacun abandonnait.

Enfin lorsqu'ils arrivèrent en ville, peu d'entre
eux pouvaient compter sur des logements ou trouver
refuge chez des amis ou des proches : pour la plupart,
ils s'installèrent dans les parties de la ville inhabitées,
dans tous les sanctuaires des dieux ou des héros, sauf
l'Acropole. [...]

Beaucoup s'organisèrent aussi dans les tours des
remparts ou ailleurs, chacun comme il put. La ville,
en effet, ne suffit pas pour le nombre de ceux qui y
refluèrent : plus tard, ils habitèrent les Longs Murs,

où ils se répartirent la place, et la plus grande partie du Pirée.

Thucydide, *La Guerre du Péloponnèse*, II, 14, 16, 17

Et quand l'ennemi est aux portes d'Athènes...

Mais, lorsqu'ils virent ces troupes près d'Acharnes, à 11 km de la ville, ils trouvèrent que la situation n'était plus tolérable : par un effet naturel, lorsque le pays fut, sous leurs yeux, soumis aux ravages — spectacle sans précédent pour les plus jeunes, et aussi pour les plus âgés, si l'on met à part les guerres médiques —, cela leur apparut inadmissible ; et, en général, surtout la jeunesse, ils étaient d'avis de sortir pour combattre sans plus laisser faire. Ils se répartissaient en groupes, et les contestations étaient vives, les uns voulant sortir de la ville et un certain nombre s'y opposant.

Des devins émettaient des oracles divers, que les gens brûlaient d'entendre, chacun à son gré.

Les Acharniens, qui croyaient bien représenter, dans la population athénienne, un élément de première importance, et qui avaient leur pays soumis aux ravages, insistaient particulièrement pour qu'on sortît.

Enfin la ville était à tous égards en effervescence et l'on n'avait que colère pour Périclès : sans garder aucun souvenir de ses conseils antérieurs, on le dénigrait violemment parce qu'étant stratège, il ne faisait pas sortir les troupes pour combattre, et les gens le tenaient pour responsable de tout ce qu'ils subissaient.

Thucydide, *La Guerre du Péloponnèse*, II, 21, 2-3

Périclès reste inflexible et tente de calmer un peuple désorienté.

Mais Périclès resta insensible à toutes ces attaques et supporta calmement et en silence l'impopularité et la haine.

Il envoya contre le Péloponnèse une flotte de cent vaisseaux ; il ne s'embarqua pas lui-même, mais resta dans la ville pour la tenir toute en main jusqu'à ce que les Péloponnésiens se fussent retirés.

Comme la multitude continuait à maugréer contre la guerre, il la ménagea et se la concilia par des distributions d'argent et fit décréter des envois de colons. Il expulsa en masse les Éginètes et partagea leur île aux Athéniens par tirage au sort. On tirait aussi quelque consolation du mal fait aux ennemis. Ceux qui naviguaient autour du Péloponnèse avaient ravagé une grande étendue de pays, des bourgs et même des villes assez importantes, et, sur terre, lui-même envahit la Mégaride et la dévasta tout entière.

Si donc les ennemis faisaient beaucoup de mal sur terre aux Athéniens, ceux-ci leur en faisaient aussi beaucoup par mer, et il est évident qu'ils n'auraient pas soutenu la guerre si longtemps et qu'ils y auraient vite renoncé, comme Périclès l'avait prédit dès le début, si quelque divinité ne s'était pas opposée aux calculs des hommes.

Plutarque, *Périclès*, 34, 1-4

LA PESTE

Le peuple atteint dans sa chair cherche désespérément un responsable. Et, ingrat, se tourne vers Périclès.

Tout d'abord le fléau de la peste fondit sur la ville et dévora la fleur de la jeunesse, force vive de l'État.

Atteints dans leur âme comme dans leur corps, ils s'aigrirent tout à fait contre Périclès et, comme des malades que le délire entraîne à des excès contre leur médecin ou leur père, ils voulurent lui nuire. Ils se laissèrent persuader par ses ennemis que la maladie provenait de l'entassement dans la ville d'une multitude de paysans, forcés, en plein été, de vivre pêle-mêle et en grand nombre dans des habitations exiguës ou des baraquements étouffants et de mener une existence sédentaire et inactive, au lieu du régime salubre et de la vie au grand air qu'ils avaient auparavant.

— Et le responsable de tout cela, disaient-ils, c'est l'homme qui, en vue de la guerre, a déversé à l'intérieur des murs ce torrent de campagnards, qui n'emploie à rien ces milliers d'hommes, mais les laisse, parqués comme des bestiaux, s'infecter les uns les autres, sans les changer de place ni leur donner le moyen de respirer.

Plutarque, *Périclès*, 34, 5

Thucydide, âgé d'une trentaine d'années, est témoin du drame[1]. Il trace le trajet de la mort et décrit bientôt son œuvre implacable[2].

L'épidémie se mit à sévir parmi les Athéniens ; et l'on racontait qu'auparavant déjà le mal s'était abattu en diverses régions, du côté de Lemnos entre autres, mais on n'avait nulle part souvenir de rien de tel comme fléau ni comme destruction de vies humaines.

Rien n'y faisait, ni les médecins qui, soignant le mal pour la première fois, se trouvaient devant l'inconnu (et qui étaient même les plus nombreux à mourir, dans la mesure où ils approchaient le plus de malades), ni aucun autre moyen humain.

De même, les supplications dans les sanctuaires, ou le recours aux oracles et autres possibilités de ce genre, tout restait inefficace : pour finir, ils y renoncèrent, s'abandonnant au mal.

Celui-ci fit, dit-on, sa première apparition en Éthiopie, dans la région située en arrière de l'Égypte ; puis il descendit en Égypte, en Libye et dans la plupart des territoires du grand Roi. Athènes se vit frappée brusquement, et ce fut d'abord au Pirée que les gens furent touchés : ils prétendirent même que

1. « Voilà ce que j'exposerai, après avoir, en personne, souffert du mal, et avoir vu, en personne, d'autres gens atteints. » Thucydide, II, 49, 2

2. Cette description de Thucydide était un texte célèbre dans l'Antiquité. Le poète latin Lucrèce s'en inspira pour écrire *De la nature.*

les Péloponnésiens avaient empoisonné les puits (car il n'y avait pas encore de fontaines à cet endroit). Puis il atteignit la ville haute ; et, dès lors, le nombre des morts fut beaucoup plus grand. […]

En général, pourtant, rien ne fournissait de point de départ au mal : il vous prenait soudainement, en pleine santé.

Thucydide, *La Guerre du Péloponnèse*, II, 47, 3-49, 2

La terrible description des symptômes par Thucydide est d'une précision digne d'un médecin. Il se félicite presque d'avoir eu l'occasion de les observer sur lui-même lors de cette épidémie.

On avait tout d'abord de fortes sensations de chaud à la tête ; les yeux étaient rouges et enflammés ; au-dedans, le pharynx et la langue étaient à vif ; le souffle sortait irrégulier et fétide. Puis survenaient, à la suite de ces premiers symptômes, l'éternuement et l'enrouement ; alors, en peu de temps, le mal descendait sur la poitrine, avec accompagnement de forte toux. Lorsqu'il se fixait sur le cœur, celui-ci en était retourné ; et il survenait des évacuations de bile, sous toutes les formes pour lesquelles les médecins ont des noms, cela avec des malaises terribles.

La plupart des malades furent également pris de hoquets à vide, provoquant des spasmes violents. […]

On mourait au bout de huit ou de six jours, sous l'effet de ce feu intérieur, sans avoir perdu toutes

ses forces ; ou bien, si l'on réchappait, la maladie
descendait sur l'intestin, de fortes ulcérations s'y
produisaient, en même temps que s'installait la diar-
rhée liquide ; et, en général, on mourait, plus tard,
de l'épuisement qui en résultait. [...]

Si l'on survivait aux plus forts assauts, son effet se
déclarait sur les extrémités. Il atteignait alors les parties
sexuelles, ainsi que le bout des mains et des pieds :
beaucoup ne réchappaient qu'en les perdant, certains,
encore, en perdant la vue. Enfin, d'autres étaient victimes, au moment même de leur rétablissement, d'une
amnésie complète : ils ne savaient plus qui ils étaient
et ne reconnaissaient plus leurs proches. [...]

Les animaux susceptibles de manger la chair
humaine, oiseaux ou quadrupèdes, malgré le nombre
des cadavres laissés sans sépulture, n'en approchaient
pas, ou, s'ils y goûtaient, en mouraient.

Thucydide, *La Guerre du Péloponnèse*, II, 49, 2 – 50, 1

La peste s'immisce partout et frappe sans distinction.

Mais le pire, dans ce mal, était d'abord le découra-
gement qui vous frappait quand on se sentait atteint
(l'esprit passant d'emblée au désespoir, on se laissait
bien plus aller, sans réagir) ; c'était aussi la contagion,
qui se communiquait au cours des soins mutuels et
semait la mort comme dans un troupeau : c'est là ce
qui faisait le plus de victimes. [...]

Thucydide, *La Guerre du Péloponnèse*, II, 51, 4

La promiscuité en est le ferment. Terrible tableau d'amoncellement de cadavres...

Ce qui contribua à les éprouver, en ajoutant aux souffrances de ce mal, fut le rassemblement effectué des campagnes vers la ville : il éprouva surtout les réfugiés. En effet, comme il n'y avait pas de maisons et que les gens vivaient dans des cabanes que la saison rendait étouffantes, le fléau sévissait en plein désordre : des corps gisaient, au moment de mourir, les uns sur les autres ; il y en avait qui se roulaient par terre, à demi morts, sur les chemins et vers toutes les fontaines, mus par la soif. Les lieux sacrés où l'on campait étaient pleins de cadavres, car on mourait sur place : devant le déchaînement du mal, les hommes, ne sachant que devenir, ne respectèrent plus rien, ni de divin, ni d'humain. C'est ainsi que furent bouleversés tous les usages observés auparavant pour les sépultures : chacun ensevelissait comme il pouvait ; et beaucoup eurent recours à des modes de funérailles scandaleux, car ils manquaient du nécessaire, tant ils avaient déjà eu de morts autour d'eux ; alors, ils profitaient de ce que d'autres avaient dressé un bûcher et, ou bien ils y plaçaient leur mort les premiers, et allumaient du feu, ou bien, tandis qu'un corps se consumait, ils jetaient dessus celui qu'ils portaient, et disparaissaient.

Thucydide, *La Guerre du Péloponnèse*, II, 52

La ville est en proie à une frénésie de vie.

D'une façon générale, la maladie fut, dans la cité, à l'origine d'un désordre moral croissant. L'on était plus facilement audacieux pour ce à quoi, auparavant, l'on ne s'adonnait qu'en cachette : on voyait trop de retournements brusques, faisant que des hommes prospères mouraient tout à coup et que des hommes hier sans ressources héritaient aussitôt de leurs biens. Aussi fallait-il aux gens des satisfactions rapides, tendant à leur plaisir, car leurs personnes comme leurs biens étaient, à leurs yeux, sans lendemain.

Peiner à l'avance pour un but jugé beau n'inspirait aucun zèle à personne, car on se disait que l'on ne pouvait savoir si, avant d'y parvenir, on ne serait pas mort : l'agrément immédiat et tout ce qui, quelle qu'en fût l'origine, pouvait avantageusement y contribuer, voilà ce qui prit la place et du beau et de l'utile.

Crainte des dieux ou loi des hommes, rien ne les arrêtait : d'une part, on jugeait égal de se montrer pieux ou non, puisque l'on voyait tout le monde périr semblablement, et, en cas d'actes criminels, personne ne s'attendait à vivre assez pour que le jugement eût lieu et qu'on eût à subir sa peine : autrement lourde était la menace de celle à laquelle on était déjà condamné ; et, avant de la voir s'abattre, on trouvait bien normal de profiter un peu de la vie.

Tel était le malheur qui avait frappé Athènes de façon si douloureuse : elle avait des hommes qui mouraient au-dedans, et, à l'extérieur, un territoire mis au pillage [...].

Thucydide, *La Guerre du Péloponnèse*, II, 53-54, 1

L'épidémie emportera un tiers de la population[3] sous le regard impuissant de Périclès.

3. Athènes comptait 30 à 40 000 habitants et il y avait dans les campagnes environnantes 200 à 300 000 habitants (citoyens, femmes, enfants, esclaves et métèques).

LA FIN

Périclès, désespéré, tente une attaque sans savoir qu'il a embarqué le fléau à bord de ses vaisseaux.

Voulant remédier à ces maux et, par la même occasion, causer des dommages à l'ennemi, il équipa cent cinquante vaisseaux et, ayant fait embarquer en grand nombre des hoplites et des cavaliers d'élite, il se disposa à prendre la mer. Ce déploiement de force inspira de grandes espérances aux citoyens et une crainte non moins vive aux ennemis. L'embarquement était fini et Périclès était déjà monté sur sa trière lorsqu'il survint une éclipse de soleil qui obscurcit le ciel et jeta l'effroi dans tous les esprits, comme en présence d'un grand prodige. Périclès, voyant son pilote tremblant et interdit, lui mit sa chlamyde[1] devant les yeux comme un voile, puis lui demanda si cela lui faisait peur ou s'il y voyait un présage sinistre.

— Non, dit le pilote.

— Eh bien, reprit Périclès, quelle différence y a-t-il entre ceci et cela, sinon que ce qui a produit cette obscurité est plus grand que ma chlamyde[2] ?

1. Manteau court en laine.
2. Réplique émanant des idées naturalistes de son maître Anaxagore qui luttait ainsi contre les superstitions.

Quoi qu'il en soit, Périclès gagna le large, mais il ne tira de cette expédition, semble-t-il, aucun résultat proportionné à ses préparatifs. Il assiégea la sainte Épidaure et comptait la prendre lorsque la peste le fit échouer. Elle se déclara dans son armée et la contagion gagna aussi tous ceux qui d'une manière ou d'une autre s'étaient mêlés aux soldats.

Cet insuccès indisposa contre lui les Athéniens. Il essaya de les réconforter et de leur rendre confiance. Mais il ne put apaiser leur colère ni les fléchir. Ils firent tout de suite de leurs votes une arme contre lui et, devenus ainsi maîtres de son sort, ils lui ôtèrent son commandement et le condamnèrent à une amende de quinze talents.[...]

Pourtant ses démêlés avec le peuple ne devaient pas tarder à prendre fin : en lui portant ce coup, comme l'abeille laisse son dard dans la plaie, la foule avait épuisé sa colère. Mais ses affaires domestiques, étaient dans un fâcheux état. La peste lui avait enlevé de nombreuses personnes de son entourage, et la dissension troublait depuis longtemps sa famille[3] [...].

Plutarque, *Périclès*, 35-36, 1

La peste lui ravit son aîné Xanthippe et...

Périclès perdit aussi vers le même temps sa sœur et la plupart de ses parents et des amis qui servaient le mieux sa politique.

---

3. Voir p. 59-60.

Cependant il ne se laissa pas abattre et l'adversité ne lui fit pas perdre sa fierté ni sa grandeur d'âme. On ne le vit pas pleurer, ni mener le deuil et accompagner au tombeau l'un de ses proches, jusqu'au jour où il perdit aussi le dernier de ses fils légitimes, Paralos. Il fut accablé de cette perte. Il essaya bien, il est vrai, de garder sa sérénité habituelle et de conserver toute sa dignité ; mais, en apportant une couronne sur la tête du mort, il fut à cette vue vaincu par la douleur ; éclatant en sanglots, il versa des flots de larmes, lui qui n'avait jamais eu pareille faiblesse jusque-là dans tout le cours de sa vie.

Plutarque, *Périclès*, 36, 7-9

Le peuple, versatile, rappelle celui qu'il a chassé. Périclès accepte en échange de l'abrogation de la loi des sang-mêlé. Ironie du sort : c'est lui qui l'avait proposée en 451 et cette loi, maintenant, le prive de descendance. En effet, il ne lui reste plus qu'un fils, Périclès le Jeune, né d'une étrangère, donc considéré comme bâtard interdit de citoyenneté athénienne.

Cependant la ville, ayant essayé pour conduire la guerre les autres stratèges et les autres hommes d'État, s'aperçut qu'aucun d'eux n'était à la hauteur de sa tâche et n'avait un prestige suffisant pour garantir une telle autorité. Aussi regretta-t-elle Périclès. On le rappela à la tribune et au lieu de réunion des stratèges. Découragé, il restait chez lui, accablé par son deuil ; mais Alcibiade[4] et ses autres amis le décidèrent enfin à reparaître en public. Le peuple s'étant excusé de son ingratitude à son égard, il consentit à reprendre en main les affaires et, nommé stratège, il demanda l'abrogation de la loi sur les sang-mêlé (qu'il avait jadis proposée lui-même[5]) afin que le défaut d'héritiers n'éteignît pas complètement son nom et sa race.

Voici ce qu'il en était de cette loi. Bien des années auparavant, Périclès, au comble de sa puissance et père d'enfants légitimes, avait fait passer une loi qui ne reconnaissait pour athéniens que ceux qui étaient nés de père et de mère athéniens. Lorsque le roi d'Égypte envoya au peuple un présent de quarante mille médimnes[6] de blé et qu'il fallut en faire le partage aux citoyens, une foule de procès furent, en vertu de cette loi, intentés aux sang-mêlé, qui jusqu'alors passaient inaperçus et échappaient à l'attention. Beaucoup de citoyens même furent en butte à des accusations calomnieuses. On vendit comme esclaves près de cinq mille personnes convaincues de bâtardise et le nombre de celles qui gardèrent le droit de cité et furent reconnues pour athéniennes se monta, après recensement, à quatorze mille quarante. Il semble étrange qu'une loi qui avait été appliquée au préjudice de tant de personnes pût

4. Voir p. 51 à 59.
5. Voir p. 41.
6. 1 240 tonnes.

être abolie par celui-là même qui l'avait proposée. Mais le malheur qui frappait alors Périclès dans sa maison, comme un châtiment de sa hauteur et de sa fierté, fléchit les Athéniens. Il leur sembla qu'il était victime de la Némésis et que sa requête n'avait rien que d'humain et ils lui permirent d'inscrire son fils bâtard parmi les membres de sa phratrie, en lui donnant son nom. C'est ce fils qui, plus tard, ayant battu les Péloponnésiens à la bataille navale des Arginuses, fut mis à mort par le peuple avec les autres stratèges, ses collègues.

Plutarque, *Périclès*, 37

Son nom ne perdurera donc pas longtemps, éliminé par ce peuple ingrat qui condamnera à mort des généraux pourtant sortis vainqueurs de cet affrontement.

Après tant de dures épreuves, le grand homme s'éteint, emporté lui aussi par la peste.

C'est à ce moment, croit-on, que Périclès fut atteint de la peste. L'attaque ne fut pas, comme chez d'autres, aiguë ni violente. Ce fut une sorte de langueur qui se prolongea avec des phases diverses, qui lui consuma lentement le corps et mina la vigueur de son esprit.

En tout cas, Théophraste [...] raconte qu'un ami étant venu le voir pendant sa maladie, Périclès lui montra une amulette que les femmes lui avaient suspendue au cou, comme un signe qu'il devait être bien mal en point pour se prêter à pareille sottise.

Comme il était sur sa fin, les meilleurs d'entre
les citoyens et ceux de ses amis qui survivaient, assis
près de son lit, s'entretenaient de tous ses mérites et
de la grande puissance qu'il avait eue. Ils faisaient le
compte de ses exploits et de ses nombreux trophées :
ils en trouvaient neuf qu'il avait élevés en l'honneur
de la ville à la suite des victoires remportées par
lui comme stratège. Ils parlaient ainsi entre eux,
persuadés qu'il n'entendait plus et qu'il avait perdu
connaissance. Mais il avait suivi toute leur conversation, et il prit la parole en leur présence :

– Je suis surpris, dit-il, de vous entendre louer et
rappeler ces actions auxquelles la fortune a sa part
et que beaucoup de généraux ont accomplies avant
moi, tandis que vous ne mentionnez pas ce qu'il y
a de plus beau et de plus grand dans ma vie : c'est,
reprit-il, qu'aucun des Athéniens, autant qu'ils sont,
n'a pris le deuil par ma faute.

Un tel homme mérite donc l'admiration, non
seulement pour la modération et la douceur qu'il
conserva toujours malgré les nombreuses affaires
et les haines violentes dont il était assailli, mais
encore pour cette élévation de sentiments qui lui
faisait regarder comme le plus beau trait de sa vie
de n'avoir jamais cédé, malgré sa grande puissance,
ni à l'envie ni à la colère et de n'avoir jamais traité
aucun ennemi comme un adversaire irréconciliable.
Quant à ce surnom excessif et hautain d'Olympien,
une chose suffit à lui ôter ce qu'il a de choquant et

à en montrer la convenance, c'est qu'on l'applique justement à un caractère bienveillant et à une vie pure et sans tache au sein de la puissance. [...]

En ce qui concerne Périclès, les événements ne tardèrent pas à faire comprendre aux Athéniens ce qu'il valait et à le faire nettement regretter. Et, en effet, ceux qui, de son vivant, supportaient impatiemment sa puissance, parce qu'elle les rejetait dans l'ombre, après avoir essayé, dès qu'il fut disparu, d'autres orateurs et d'autres conducteurs du peuple, avouèrent que la nature n'avait jamais produit un caractère plus mesuré dans sa fierté ni plus grave dans sa douceur. Cette force qui faisait tant de jaloux, qu'on traitait auparavant de monarchie et de tyrannie, apparut alors comme un rempart qui avait sauvé la république, tant la corruption avait envahi la politique et suscité une foule de vices qu'il avait atténués et réduits au point qu'ils restaient cachés, et qu'il avait empêché de dégénérer en une licence inguérissable.

Plutarque, *Périclès*, 38-39

Tout le temps qu'il fut à la tête de la cité pendant la paix, il la dirigeait avec modération, et sut veiller sur elle de façon sûre ; aussi est-ce de son temps qu'elle fut le plus grande ; et de même, lorsqu'il y eut la guerre, il apparaît que, là aussi, il apprécia d'emblée sa puissance. Il vécut les événements pendant deux ans et six mois, et, après sa mort, on reconnut encore bien mieux la valeur de ses prévisions en ce qui concerne la guerre. Il avait dit aux Athéniens qu'en restant tranquilles, en prenant soin de la flotte, en s'abstenant d'étendre leur domination au cours de la guerre et de mettre la cité en péril, ils auraient le dessus. Or, en tout cela, ils firent, eux, l'inverse ; et, en outre, pour servir leurs ambitions privées et leurs profits privés, ils prirent, dans un domaine en apparence étranger à la guerre, des mesures aussi mauvaises pour eux-mêmes que pour leurs alliés : leur réussite devait plutôt apporter aux individus de l'honneur et des avantages, mais leur échec entraînait pour la cité des conséquences fâcheuses dans l'ordre de la guerre. La raison en était la suivante. C'est qu'il avait, lui, de l'autorité, grâce à la considération dont il jouissait et à ses qualités d'esprit, et que, de plus, pour l'argent, il montrait une éclatante intégrité : aussi tenait-il la foule, quoique libre, bien en main, et, au lieu de se laisser diriger par elle, il la dirigeait ; en effet comme il ne devait pas ses moyens à des sources illégitimes, il ne parlait jamais en vue de faire plaisir, et il pouvait au contraire mettre à profit l'estime des gens pour s'opposer même à leur colère. En tout cas, chaque fois qu'il les voyait se livrer mal à propos à une insolente confiance, il les frappait par ses paroles en leur inspirant de la crainte ; et, s'ils éprouvaient une frayeur déraisonnable, il les ramenait à la confiance. Sous le nom de démocratie, c'était en fait le premier citoyen qui gouvernait. Au contraire, les hommes qui suivirent étaient, par eux-mêmes, plus égaux entre eux, et ils aspiraient chacun à cette première place : ils cherchèrent donc le plaisir du peuple, dont ils firent dépendre la conduite même des affaires.

Thucydide, *La Guerre du Péloponnèse*, II, 65, 5-10

ANNEXES

Nous ne possédons pas d'écrits de Périclès à part ses décrets comme l'affirme Plutarque. On peut donc supposer que Thucydide ait été présent lors des discours de Périclès reproduits dans les pages suivantes. Il a dû vouloir en restituer la substance de mémoire et le plus fidèlement possible.

[...]

De nombreux orateurs vinrent parler, ils se rangeaient à l'un et l'autre avis, ou se tran[...]
ou bien que le laisser ne devait pas être un obstacle à la
paix et devait être abrogé. Périclès, fils de Xanthippe
vint, lui aussi, à la tribune; il était, à cette époque, le
principal personnage d'Athènes, placé à supériorité
dans le double domaine de la parole et de l'action.

SON PREMIER DISCOURS

Il faut attendre la fin du livre I de La Guerre du Péloponnèse *pour que Thucydide fasse entrer celui qui mènera les Athéniens et leurs alliés à la guerre. Périclès fait un discours de combat où il exalte la supériorité de son peuple face aux forces hétérogènes de la ligue du Péloponnèse menée par la jalouse Sparte. Eux ils ont l'argent et leur force navale. C'est un plan de guerre que tous suivront.*

Pour finir, les derniers ambassadeurs qui arrivèrent de Sparte, Rhamphias, Mélésippos et Agésandros, sans plus reprendre aucune des demandes habituelles, déclarèrent simplement ceci :

– Les Spartiates souhaitent la paix ; elle serait possible, si vous laissiez aux Grecs leur autonomie.

Alors, les Athéniens convoquèrent une assemblée et ouvrirent un débat : ils entendaient décider de la réponse à faire en discutant sur l'ensemble une fois pour toutes.

De nombreux orateurs vinrent parler ; ils se rangeaient à l'un et l'autre avis : qu'il fallait faire la guerre, ou bien que le décret ne devait pas être un obstacle à la paix et devait être abrogé ; Périclès, fils de Xanthippe, vint, lui aussi, à la tribune ; il était, à cette époque, le principal personnage d'Athènes, grâce à sa supériorité dans le double domaine de la parole et de l'action.

Voici, en substance, quels furent ses conseils :

– Quel est mon sentiment, Athéniens ? Toujours le même : ne pas céder aux Péloponnésiens ; et pourtant je sais que les hommes n'ont pas la même ardeur pour se ranger à l'idée d'une guerre, ou bien pour agir, le moment venu, car l'événement vient modifier leur sentiment. Cependant, je vois que mes conseils doivent aujourd'hui encore être identiques ou analogues, et j'attends en bonne justice que ceux qui se rangeront à cette décision soutiennent, même en cas d'échec, les décisions communes, ou bien ne prétendent pas, même en cas de succès, à ce qu'elles impliquaient d'intelligence. En effet, l'événement qui intervient peut à l'occasion prendre un tour non moins imprévu que les dispositions mêmes de l'homme ; c'est bien pourquoi, dès qu'une chose déjoue le raisonnement, nous avons pour coutume d'incriminer le sort.

Les mauvaises intentions des Spartiates à notre égard étaient, déjà auparavant, manifestes ; elles le sont aujourd'hui plus que jamais. En effet, alors que le texte dit de nous prêter réciproquement à un jugement pour les différends surgissant entre nous, et de garder chacun les territoires que nous occupons, ils n'ont pas eux-mêmes réclamé, jusqu'à présent, que nous nous y prêtions, et n'acceptent pas non plus nos offres de le faire : ils préfèrent, pour résoudre les points en litige, la guerre à la discussion, et ils viennent maintenant nous présenter des exigences, et non plus des griefs.

Ils nous disent de retirer nos troupes de Potidée, de laisser à Égine son autonomie, d'abroger le décret sur Mégare ; et voici les derniers arrivés qui nous avertissent, cette fois, de laisser aux Grecs leur autonomie. Non, aucun de vous ne doit penser que l'on ferait la guerre pour peu de chose en n'abrogeant pas le décret sur Mégare – ce décret dont ils prétendent surtout que l'abrogation éviterait la guerre –, et vous ne devez pas garder l'arrière-pensée que vous êtes entrés en guerre pour un motif peu sérieux : car ce peu de chose-là implique dans son ensemble l'affirmation et l'épreuve de vos sentiments. Cédez-leur, et aussitôt vous rencontrerez une nouvelle exigence plus considérable, car on pensera que la peur a, cette fois déjà, entraîné votre soumission. Au contraire, par une attitude ferme, vous pouvez marquer clairement qu'ils doivent plutôt se comporter avec vous comme on fait entre égaux.

C'est de là que vous devez partir pour fixer vos intentions : ou bien céder avant de subir aucun dommage, ou bien, si nous devons faire la guerre, ce que personnellement je crois préférable, vous dire que, quel que soit le prétexte – qu'il s'agisse de beaucoup ou de peu de chose –, nous ne céderons pas et ne vivrons pas dans la crainte pour les biens que nous possédons. Car toute revendication de droit, de la plus petite à la plus grande, implique la même sujétion, quand, sans un jugement préalable, des égaux la présentent à leur prochain sous la forme d'une exigence.

Quant aux conditions de la guerre et aux ressources des deux partis, nous ne serons pas les moins
forts : c'est ce dont vous devez vous rendre compte
en écoutant point par point. Les Péloponnésiens,
en effet, travaillent eux-mêmes la terre et n'ont de
fortune ni individuelle ni collective ; avec cela, ils ne
connaissent pas les guerres qui durent et se passent
outre-mer, car la pauvreté ne leur permet que de
brèves actions les opposant entre eux. Les gens de
cette espèce ne peuvent ni fournir des équipages ni
envoyer fréquemment en campagne des troupes de
terre, quand il leur faut tout à la fois se tenir loin de
chez eux et dépenser sur leurs ressources, enfin que,
par surcroît, la mer leur est interdite.

Or, ce sont les réserves qui soutiennent les guerres,
plus que les contributions arrachées par force ; et, de
plus, les gens qui travaillent eux-mêmes la terre sont
plus disposés, dans la guerre, à payer de leur personne
que de leur argent ; car ils comptent bien que celle-ci
peut survivre aux périls, mais ne sont pas assurés que
celui-là ne va pas s'épuiser avant l'heure – surtout
si, comme il est probable, ils ont la surprise de voir
la guerre traîner en longueur. En effet, s'il ne s'agit
que d'un seul combat, les Péloponnésiens et leurs
alliés peuvent tenir bon contre tous les Grecs ; mais,
s'il s'agit de mener une guerre contre une puissance
militaire différente de la leur, ils ne le peuvent pas,
dès lors qu'ils ne pratiqueront pas, sous une direction
unique, une action immédiate un peu vive, capable
d'aboutir, et que, ayant tous un égal droit de vote,

sans être de même race, ils n'auront chacun à cœur que leur point de vue personnel : car il résulte ordinairement de là que rien n'aboutit. Les uns veulent obtenir le plus possible réparation, les autres compromettre le moins possible leur propre situation. Ils mettent du temps à se réunir et ne donnent qu'une faible part à l'examen des affaires communes, la plus grande allant au soin des leurs. Chacun, au lieu de croire que sa négligence personnelle aura des conséquences fâcheuses, compte que quelqu'un d'autre s'occupe d'être prévoyant à sa place ; et ainsi, à la faveur du raisonnement semblable que tous se font individuellement, on perd de vue que l'intérêt commun est universellement sacrifié.

D'autre part, et c'est l'essentiel, l'insuffisance de leurs ressources financières les paralysera, dès lors que les délais employés à les procurer créeront des atermoiements : à la guerre, l'occasion n'attend pas.

Au surplus, il ne faut pas non plus craindre de leur part l'établissement de positions pour contrôler le pays, ni la marine.

Pour le premier moyen, il est difficile, même en temps de paix, d'équiper à cet effet une ville valant la nôtre : à plus forte raison en pays ennemi, et avec nos ouvrages à nous exerçant déjà contre eux un contrôle au moins aussi sévère. Quant à un simple poste, s'ils en font un, ils peuvent causer quelque dommage à une partie du pays par des incursions ou la désertion d'esclaves, mais cela ne parviendra pas à nous empêcher d'aller par mer établir chez eux des positions fortifiées et de nous défendre avec la flotte, qui fait notre force. Car notre expérience du domaine maritime nous en donne, malgré tout, une plus grande sur terre, que celle du continent ne leur en donne à eux en matière maritime. Et la connaissance de la mer ne leur viendra pas aisément. Vous-mêmes, en vous y entraînant dès l'époque des guerres médiques, vous ne l'avez pas encore épuisée : comment, donc, un peuple, qui n'est pas maritime, mais paysan, et à qui, en plus, il ne sera même pas permis de s'entraîner, étant donné que nous aurons toujours de nombreux vaisseaux formant barrage, pourrait-il faire rien qui compte ? Contre un barrage formé d'unités peu nombreuses, ces gens pourraient se risquer, en rassurant leur incompétence par la supériorité numérique ; mais, s'il y en a beaucoup pour les bloquer, ils se tiendront tranquilles, et l'absence d'entraînement, en les rendant plus sots, les rendra aussi plus hésitants. La marine est affaire de métier ; elle n'admet pas un entraînement venant à l'occasion comme un à-côté : il faut plutôt que l'on n'ait point d'autre activité à côté.

Supposons, enfin, qu'en faisant appel à l'argent d'Olympie ou de Delphes, ils essaient, grâce à une solde supérieure, de débaucher les marins étrangers que nous employons : si nous-mêmes, embarqués avec les métèques, nous n'étions pas alors de taille à résister, on pourrait s'effrayer ; mais, en fait, nous le sommes, et, ce qui compte le plus, nos pilotes sont des citoyens, et, pour les autres fonctions à bord, nous fournissons plus de gens, et meilleurs, que tout le reste de la Grèce. En outre, avec le danger en perspective, il n'est pas un de ces étrangers qui pourrait accepter tout à la fois de se voir exilé et, pour le plaisir de toucher quelques jours une forte solde, d'adopter les chances les plus faibles en combattant de leur côté.

Voilà comment, et sous quel jour, en gros, m'apparaît, quant à moi, la situation des Péloponnésiens ; la nôtre, elle, me semble être exempte des traits que j'ai critiqués chez eux, et en compter en dehors de cela pour lesquels ils ne sont pas à égalité, et qui sont appréciables. Aussi, ils peuvent venir attaquer notre pays par terre : nous, nous irons par mer attaquer le leur ; et dès lors ce ne sera pas la même chose que la mise au pillage d'une partie du Péloponnèse ou celle de l'Attique tout entière : eux ne peuvent pas sans combat se procurer d'autres terres à la place ; nous, nous disposons de terres en abondance et dans les îles et sur le continent ; car c'est une chose considérable que la maîtrise de la mer.

Réfléchissez plutôt : si nous étions des insulaires, qui donc offrirait moins de prise ? Eh bien ! ce que nous devons faire aujourd'hui, c'est, par la pensée, nous rapprocher le plus possible de cette condition : il faut nous désintéresser de la terre et des maisons, pour ne veiller que sur la mer et la ville ; il faut éviter, en prenant les premières trop à cœur, d'engager le combat contre les Péloponnésiens, dont le nombre est bien supérieur (en cas de succès, nous devrons recommencer contre des forces non moindres, et, en cas d'échec, tout ce que représentent nos alliés, qui font notre force, nous échappe du même coup ; car ils ne se tiendront pas tranquilles, si nous ne sommes pas en mesure de faire campagne contre eux) ; enfin, il ne faut pas nous lamenter sur les maisons ou sur la terre, mais seulement sur les êtres : ce n'est pas d'elles que dépendent les hommes, ce sont les hommes qui se les procurent. Et, si je croyais devoir vous convaincre, je vous dirais d'aller vous-mêmes les mettre au pillage, montrant ainsi aux Péloponnésiens que ce n'est pas là le moyen d'obtenir votre soumission.

J'ai encore bien d'autres raisons d'espérer une heureuse issue, si vous consentez à ne pas étendre votre domination dans le temps où vous êtes en guerre, et à ne pas aller chercher délibérément des périls supplémentaires (car je crains plus nos fautes à nous que les desseins de l'adversaire). Mais je reviendrai sur ces motifs et m'en expliquerai dans un autre discours, au moment d'agir.

Actuellement, renvoyons ces gens en leur faisant la réponse suivante : que, pour Mégare, nous lui laisserons l'accès de notre marché et des ports, si Sparte, de son côté, ne procède à aucune expulsion en ce qui nous concerne, nous et nos alliés : il n'y a pas plus d'empêchement dans le traité pour ceci que pour cela ; que, pour les cités, nous leur laisserons leur autonomie, si elles l'avaient quand nous avons traité, et si Sparte, de son côté, accorde aux cités dépendant d'elle une autonomie qui réponde non pas à ses commodités propres, mais à celles des divers États, selon leur gré ; qu'enfin, nous sommes prêts à nous soumettre à un jugement, conformément au traité, que nous ne prendrons pas l'initiative de la guerre, mais que, s'ils commencent, nous nous défendrons. Voilà la réponse juste, et qu'il sied à notre cité de faire. Ce qu'il faut bien savoir, c'est que la guerre est inévitable, et, si nous l'acceptons plus volontiers, nos adversaires seront moins pressants.

Enfin, ce sont les plus grands dangers qui, pour une ville comme pour un individu, réservent les plus grands honneurs. Pensez seulement à nos pères, qui se sont dressés contre les Perses, et qui, loin d'avoir pour base une situation comme la nôtre, ont quitté même ce qu'ils avaient : ils ont, plus par la volonté que par la chance, et avec plus d'audace que de puissance, repoussé le Barbare et haussé cette situation au degré où elle est ; eh bien ! il ne faut pas déchoir : il faut, par tous les moyens, nous défendre contre nos ennemis et nous efforcer de transmettre cet héritage à nos descendants sans qu'il ait été amoindri.

Tel fut, en substance, le discours de Périclès. Les Athéniens jugèrent son avis le meilleur et émirent le vote qu'il demandait : ils répondirent aux Spartiates en suivant ses avis pour le détail et en affirmant pour l'ensemble qu'ils n'avaient plus d'ordre à recevoir, mais qu'ils étaient prêts, conformément au traité, à régler la question de leurs différends par voie de jugement, sur un pied d'égalité réciproque. Alors, les membres de cette mission s'en retournèrent chez eux, et il n'y en eut plus d'autre.

Thucydide, *La Guerre du Péloponnèse*, I, 139, 3-145

L'ORAISON FUNÈBRE

Hiver 431. Les Athéniens pleurent leurs premiers disparus.

Pour cette oraison, pas de passage obligé, pas de rappel du passé et des exploits anciens mais une ferme intention de définir l'esprit profond de la démocratie athénienne et les valeurs qui ont présidé à l'essor de sa cité. Son idéal tient en trois mots : liberté, intelligence et équilibre.

Au cours du même hiver, les Athéniens, selon l'usage traditionnel chez eux, firent des funérailles officielles aux premiers morts de la guerre. Voici comment ils procèdent.

Les ossements des défunts sont exposés, deux jours à l'avance, sous une tente que l'on a dressée ; et chacun apporte, à son gré, des offrandes à qui le concerne. Puis, au moment du convoi, des cercueils de cyprès sont transportés en char, à raison d'un par tribu : les ossements y sont groupés, chaque tribu à part ; et l'on porte un lit vide, tout dressé : celui des disparus, dont on n'a pas trouvé les corps pour les recueillir. À ce convoi participent librement citoyens et étrangers ; et les femmes de la famille sont présentes, au tombeau, faisant entendre leur lamentation. On confie alors les restes au monument public, qui est situé dans le plus beau faubourg de la ville et où l'on ensevelit toujours les victimes de la guerre – à

l'exception des morts de Marathon : pour ceux-là,
jugeant leur mérite exceptionnel, on leur donna la
sépulture là-bas, sur place. Une fois que la terre a
recouvert les morts, un homme choisi par la cité,
qui passe pour n'être pas sans distinction intellectuelle et jouit d'une estime éminente, prononce en
leur honneur un éloge approprié ; après quoi, l'on
se retire. Ainsi ont lieu ces funérailles ; et, pendant
toute la guerre, chaque fois que cela se trouvait, on
appliqua l'usage.

Quant à ces premiers morts, c'est Périclès, fils de
Xanthippe, qui fut choisi pour parler d'eux. Et, au
moment où les circonstances l'y invitaient, quittant
le monument, il s'avança vers une haute tribune
dressée pour qu'il fût entendu le plus loin possible
par la foule, et il prononça, en substance, les paroles
suivantes :

– La plupart des orateurs qui m'ont précédé à cette
place louent celui qui a introduit cette allocution
dans le cérémonial en usage et trouvent beau qu'au
moment où on les ensevelit, les victimes de la guerre
soient ainsi célébrées.

Pour moi, j'estimerais suffisant qu'à des hommes
dont la valeur s'est traduite en actes, on rendît également hommage par des actes, comme vous voyez
qu'on le fait aujourd'hui dans les mesures officielles
prises ici pour leur sépulture : les mérites de tout
un groupe ne dépendraient pas d'un seul individu,
dont le talent plus ou moins grand met en cause leur
crédit. Car il est difficile d'adopter un ton juste, en

une matière où la simple appréciation de la vérité trouve à peine des bases fermes : bien informé et bien disposé, l'auditeur peut fort bien juger l'exposé inférieur à ce qu'il souhaite ou connaît ; mal informé, il peut, par jalousie, y voir de l'exagération, lorsque ce qu'il entend dépasse ses propres capacités ; car on ne tolère pas sans limites les louanges prononcées à propos d'un tiers : chacun le fait dans la mesure où il se croit lui-même capable d'accomplir tels exploits qu'il entend rapporter ; au-delà, avec la jalousie, naît l'incrédulité. – Mais enfin, puisque les anciens ont jugé qu'il en allait bien ainsi, je dois à mon tour me conformer à l'usage et tâcher de répondre le plus possible au souhait et à l'opinion de chacun.

Je commencerai, en premier lieu, par nos ancêtres. Il est juste et, en même temps, approprié à une circonstance comme celle-ci, de leur offrir l'hommage de ce souvenir. Se perpétuant, en effet, dans notre pays à travers les générations successives, ils nous l'ont, par leur mérite, transmis libre jusqu'à ce jour. Et s'ils sont dignes d'être loués, nos pères le sont encore plus : ils ont ajouté à ce qu'ils avaient reçu tout l'empire que nous possédons et nous ont, non sans de dures peines, légué, à nous les hommes d'aujourd'hui, cet héritage accru. Pour ce qui est venu en plus, c'est à nous personnellement, la génération encore en pleine maturité, qu'en revient le développement, et nous avons mis la cité en état de se suffire pleinement en tout, pour la guerre comme pour la paix. Dans tout cela, tant qu'il s'agit des faits de guerre qui permirent la série de ces acquisitions, ou bien des occasions dans lesquelles, nous ou bien nos pères, nous nous sommes dévoués pour repousser les assauts d'une guerre soit barbare soit grecque, j'entends, pour ne point insister ici devant des gens à qui je n'apprendrais rien, les passer sous silence ; mais quels principes de conduite nous ont menés à cette situation, avec quel régime et grâce à quels traits de caractère elle a pris son ampleur, voilà ce que je montrerai d'abord, avant d'en venir à l'éloge de ces hommes : j'estime qu'en la circonstance ce thème ne saurait être mal approprié et que la foule entière, citoyens et étrangers, peut avec avantage y prêter l'oreille.

Notre régime politique ne se propose pas pour modèle les lois d'autrui, et nous sommes nous-mêmes des exemples plutôt que des imitateurs. Pour le nom, comme les choses dépendent non pas du petit nombre mais de la majorité, c'est une démocratie. S'agit-il de ce qui revient à chacun ? La loi, elle, fait à tous, pour leurs différends privés, la part égale, tandis que pour les titres, si l'on se distingue en quelque domaine, ce n'est pas l'appartenance à une catégorie, mais le mérite, qui vous fait accéder aux honneurs ; inversement, la pauvreté n'a pas pour effet qu'un homme, pourtant capable de rendre service à l'État, en soit empêché par l'obscurité de sa situation. Nous pratiquons la liberté, non seulement dans notre conduite d'ordre politique, mais pour tout ce qui est suspicion réciproque dans la vie quotidienne :

nous n'avons pas de colère envers notre prochain,
s'il agit à sa fantaisie, et nous ne recourons pas à
des vexations, qui, même sans causer de dommage,
se présentent au dehors comme blessantes. Malgré
cette tolérance, qui régit nos rapports privés, dans
le domaine public, la crainte nous retient avant tout
de rien faire d'illégal, car nous prêtons attention aux
magistrats qui se succèdent et aux lois – surtout
à celles qui fournissent un appui aux victimes de
l'injustice, ou qui, sans être lois écrites, comportent
pour sanction une honte indiscutée.

Avec cela, pour remède à nos fatigues, nous avons
assuré à l'esprit les délassements les plus nombreux :
nous avons des concours et des fêtes religieuses qui
se succèdent toute l'année, et aussi, chez nous, des
installations luxueuses, dont l'agrément quotidien
chasse au loin la contrariété. Nous voyons arriver
chez nous, grâce à l'importance de notre cité, tous
les produits de toute la terre, et les biens fournis par
notre pays ne sont pas plus à nous, pour en jouir,
que ne sont ceux du reste du monde.

Nous nous distinguons également de nos adversaires par notre façon de nous préparer à la pratique de
la guerre. Notre ville, en effet, est ouverte à tous, et
il n'arrive jamais que, par des expulsions d'étrangers,
nous interdisions à quiconque une étude ou un spectacle, qui, en n'étant pas caché, puisse être vu d'un
ennemi et lui être utile : car notre confiance se fonde
peu sur les préparatifs et les stratagèmes, mais plutôt
sur la vaillance que nous puisons en nous-mêmes au

moment d'agir. Et, pour l'éducation, contrairement à
ces gens, qui établissent dès la jeunesse un entraînement pénible pour atteindre au courage, nous, avec
notre vie sans contrainte, nous affrontons au moins
aussi bien des dangers équivalents. Et la preuve :
les Spartiates ne viennent pas à eux seuls, mais avec
tous, faire campagne contre notre pays, tandis que
nous-mêmes, quand nous attaquons le pays d'autrui,
nous n'avons aucune peine, en combattant en terre
étrangère contre des gens défendant leurs foyers, à
remporter le plus souvent l'avantage ; jamais nos
forces n'ont été, toutes ensemble, engagées contre
un ennemi, puisqu'au soin de la flotte se joint, sur
terre, l'envoi de contingents à nous vers des objectifs
nombreux ; mais, ont-ils affaire à une fraction d'entre
elles, vainqueurs de quelques-uns des nôtres, ils pro-
clament nous avoir tous repoussés, et, vaincus, avoir
été battus par toutes nos troupes. Or, au total, si c'est
en nous laissant vivre plus qu'en nous entraînant aux
épreuves, et avec un courage tenant moins aux lois et
plutôt au caractère, que nous acceptons les dangers,
il nous reste un bénéfice : c'est, en évitant de souffrir
à l'avance pour les épreuves à venir, de montrer,
quand nous les abordons, tout autant d'audace que
les gens continuellement à la peine. – C'est là un
trait par où notre ville mérite admiration : il se joint
à d'autres encore.

   Nous cultivons le beau dans la simplicité, et les
choses de l'esprit, sans manquer de fermeté. Nous
employons la richesse, de préférence, pour agir avec

convenance, non pour parler avec arrogance ; et, quant à la pauvreté, l'avouer tout haut n'est jamais une honte : c'en est une plutôt, de ne pas s'employer en fait à en sortir. Une même personne peut à la fois s'occuper de ses affaires et de celles de l'État ; et, quand des occupations diverses retiennent des gens divers, ils peuvent pourtant juger des affaires publiques sans rien qui laisse à désirer. Seuls, en effet, nous considérons l'homme qui n'y prend aucune part comme un citoyen non pas tranquille, mais inutile ; et, par nous-mêmes, nous jugeons ou raisonnons comme il faut sur les questions ; car la parole n'est pas à nos yeux un obstacle à l'action : c'en est un, au contraire, de ne pas s'être d'abord éclairé par la parole avant d'aborder l'action à mener. Car un autre mérite qui nous distingue est de pouvoir tout ensemble montrer l'audace la plus grande et calculer l'entreprise à venir : chez les autres, l'ignorance porte à la résolution, et le calcul à l'hésitation. Or on peut considérer à bon droit comme ayant les âmes les plus fermes ceux qui discernent de la façon la plus claire le redoutable ou l'agréable, tout en ne se laissant pas, pour autant, détourner des dangers.

De même, pour la générosité, nous sommes à l'opposé du grand nombre : ce ne sont pas les services qu'on nous rend, mais nos propres bienfaits, qui sont à l'origine de nos amitiés. Or, le bienfaiteur est un ami plus sûr : il veut, par sa bienveillance envers son obligé, perpétuer la dette de reconnaissance ainsi créée. Celui qui est redevable, lui, a plus de mollesse :

il sait que sa générosité, au lieu de lui valoir de la reconnaissance, acquittera seulement une dette. Et, seuls, nous aidons franchement autrui, en suivant moins un calcul d'intérêt que la confiance propre à la liberté.

En résumé, j'ose le dire : notre cité, dans son ensemble, est pour la Grèce une vivante leçon, cependant qu'individuellement nul mieux que l'homme de chez nous ne peut, je crois, présenter à lui seul une personnalité assez complète pour suffire à autant de rôles et y montrer autant d'aisance dans la bonne grâce.

Et qu'il s'agisse là non pas d'une vantardise momentanée dans les mots, mais d'une vérité de fait, c'est ce que montre la puissance même que nous avons acquise à notre ville grâce à ces traits de caractère. Seule de tous les États actuels, elle se révèle à l'épreuve supérieure à sa réputation ; seule, elle ne suscite jamais chez les ennemis qui l'ont attaquée d'irritation à voir l'auteur de leurs malheurs, ni chez ses sujets la protestation qu'un maître indigne les commande. Il existe des marques insignes, et les témoignages ne manquent pas, pour signaler cette puissance, et nous offrir à l'admiration de tous, dans le présent et dans l'avenir ; nous n'avons besoin d'un Homère pour nous glorifier, ni de personne dont les accents charmeront sur le moment, mais dont les interprétations auront à pâtir de la vérité des faits : nous avons contraint toute mer et toute terre à s'ouvrir devant notre audace, et partout nous avons laissé des monuments impérissables, souvenirs de maux et de biens.

Voilà ce qu'est notre cité; pour elle, noblement, parce qu'ils refusaient de s'en laisser dépouiller, ces hommes sont morts en combattant, et de même, parmi ceux qui restent, chacun doit normalement accepter de souffrir pour elle.

C'est bien pourquoi je me suis étendu sur ce qui concernait la cité : je voulais faire comprendre que l'enjeu de la lutte n'est pas le même pour nous et pour ceux qui n'ont à un égal degré aucun de ces avantages; et je voulais en même temps appuyer de marques sensibles l'éloge de ceux en l'honneur de qui je parle aujourd'hui. Et, à cet égard, le principal est fait, car les traits de notre cité que j'ai exaltés doivent aux mérites de ces hommes et de ceux qui leur ressemblent toute leur beauté; et il est peu de Grecs à propos de qui les mots, comme pour eux, trouveraient dans les faits un exact équivalent. Aussi bien, un mérite viril ressort, je crois, de la fin qui est la leur aujourd'hui – qu'elle en soit le premier indice ou l'ultime confirmation. Même pour un être autrement médiocre, la bravoure à la guerre, au service de la patrie, mérite de cacher le reste : le bien efface le mal, et l'utilité dans l'ordre public passe le tort causé dans la vie privée.

Quant à ces hommes il n'est point arrivé que, dans la richesse, le souci de continuer à en jouir les ait fait mollir, ni que, dans la pauvreté, l'espérance de pouvoir, plus tard, y échapper pour devenir riches leur ait fait différer l'épreuve; le châtiment de l'adversaire a été à leurs yeux un objet plus désirable que ceux-là, et en même temps le danger à courir leur est apparu comme beau entre tous : ils ont donc voulu, en le courant, obtenir ce châtiment et atteindre cet idéal, s'en remettant à l'espérance pour ce que la réussite avait d'incertain, mais prétendant en pratique se fier à eux seuls pour les réalités dès lors tangibles. En cela, ils ont plus estimé le fait de résister et succomber que celui de céder pour sauver leur vie ; ils ont ainsi dérobé à la honte leur réputation et affronté, de leurs personnes, l'action : dans le bref instant où le sort intervint, quand ils s'en sont allés, c'était la gloire, plus que la crainte, qui marquait son apogée.

Ces hommes, donc, eurent là une conduite qui s'apparente bien, à la cité. Ceux qui restent, eux, doivent, pour leurs dispositions à l'égard de l'ennemi, souhaiter un sort plus sûr, mais prétendre à une audace non moindre : ne considérez pas seulement en paroles des avantages, sur lesquels on ne vous apprendrait rien à insister longuement, en disant tout l'intérêt qu'il y a à repousser un ennemi ; contemplez plutôt chaque jour, dans sa réalité, la puissance de la cité, soyez-en épris, et, quand elle vous semblera grande, dites-vous que les hommes qui ont acquis cela montraient de l'audace, discernaient leur devoir, et, dans l'action, observaient l'honneur, qu'enfin, si jamais ils échouaient dans quelque tentative, ils n'estimaient pas pour cela devoir priver la cité de leur valeur : ils lui en faisaient abandon comme s'ils acquittaient une quote-part, la plus belle de toutes. En donnant leur vie à la communauté, ils recevaient pour eux-mêmes l'éloge inaltérable et une sépulture qui est la plus insigne : elle n'est pas tant là où ils reposent que là où leur gloire subsiste à jamais dans les mémoires, à chaque occasion qu'offre, indéfiniment, la parole ou l'action.

Des hommes illustres ont pour tombeau la terre entière ; ce n'est pas seulement une inscription sur une stèle qui, dans leur pays, rappelle leur existence : même sur un sol étranger, sans rien d'écrit, chacun est habité par un souvenir, qui s'attache à leurs sentiments plus qu'à leurs actes. Que leur modèle inspire aujourd'hui votre émulation, et, mettant le bonheur dans la liberté, la liberté dans la vaillance, ne regardez pas de trop près aux périls de la guerre. Ce ne sont point les gens dont le sort est mauvais qui peuvent de la façon la plus légitime faire bon marché d'une vie où ils n'ont pas de bonheur à attendre : ce sont ceux qui, en continuant à vivre, risquent un revirement de condition, et à propos de qui la différence, en cas d'échec, est la plus grande. Car il est plus dur, pour un homme un peu fier, de subir un amoindrissement accompagnant un manque de fermeté, que de garder sa propre énergie ainsi que l'espérance commune, et de subir la mort sans l'avoir sentie venir. C'est bien pourquoi, m'adressant à ceux, ici présents, qui avez un fils parmi ces hommes, je pleure moins ce sort que je ne veux y apporter un réconfort. Tous savent, en effet, que l'existence est faite de vicissitudes variées : l'heureuse fortune consiste à rencontrer ce qui est le plus noble,

soit en fait de mort – comme ces hommes – soit en
fait de chagrin – comme vous ; et c'est d'avoir eu une
vie si bien calculée que le bonheur y coïncide avec la
fin. Je sais bien qu'il est difficile de le faire admettre, à
propos de ceux que tant d'occasions vous rappelleront,
quand vous verrez autrui jouir d'un bonheur, dont,
auparavant, vous aussi, vous étiez fiers ; et le chagrin
ne s'attache pas aux biens dont on est privé sans en
avoir goûté, mais à ceux qui vous sont ôtés quand on
en avait pris l'habitude. Cependant il faut être ferme,
ne serait-ce que par l'espoir d'autres enfants, si vous
êtes encore en âge d'en avoir. Individuellement, leur
venue apportera à certains l'oubli de ceux qui ne sont
plus, et la cité, elle, en tirera un double avantage, en
évitant de se dépeupler, et pour le soin de sa sécurité :
car il n'est pas possible d'intervenir aux délibérations,
sur un pied d'égalité et de façon équitable, quand
on n'engage pas, comme les autres, des enfants dans
la partie à jouer. Quant à vous, qui avez passé l'âge,
comptant pour un bénéfice d'avoir vécu heureuse la
période la plus longue de votre vie, dites-vous que le
reste sera court, et allégez votre peine par le renom
qu'ils ont acquis. Seul, en effet, l'amour de la gloire
résiste à la vieillesse, et il n'est pas vrai que, dans la
stérilité de l'âge, le gain représente, comme certains le
disent, l'agrément principal : c'est plutôt l'honneur.

Maintenant, pour vous, ici présents, qui avez
un père parmi ces hommes, ou bien un frère, je
vois toute l'ampleur de la lutte à soutenir : à celui
qui n'est plus s'attachent d'ordinaire les louanges

unanimes ; et c'est tout juste si le comble du mérite pourrait vous faire juger, non pas leurs égaux, mais presque de leur trempe. La jalousie s'adresse, chez les vivants, à un élément rival ; ce que l'on n'a point sur son chemin reçoit l'hommage d'une faveur sans antagonisme. Enfin, s'il me faut, d'un mot, évoquer aussi des mérites féminins, pour celles qui vont maintenant vivre dans le veuvage, j'exprimerai tout avec un bref conseil : si vous ne manquez pas à ce qui est votre nature, ce sera pour vous une grande gloire ; et de même pour celles dont les mérites ou les torts feront le moins parler d'elles parmi les hommes.

J'achève donc, en ce qui me concerne, le discours où, selon l'usage, j'ai exprimé ce que j'avais à dire d'approprié ; en ce qui concerne les faits, les hommes que nous ensevelissons ont déjà reçu notre hommage, et j'ajoute que leurs enfants seront, dorénavant, élevés par l'État, à ses frais, jusqu'à leur adolescence. Telle est la profitable couronne offerte, pour prix de tels exploits, à ces hommes et à ceux qui restent : en effet, là où les récompenses proposées au mérite sont le plus grandes, là aussi la cité groupe les hommes les plus valeureux. Maintenant, après une ultime lamentation donnée à ceux qui vous touchent personnellement, il faut vous retirer.

Telles furent les obsèques qui se déroulèrent au cours de cet hiver-là. Avec lui devait se terminer la première année de notre guerre.

Thucydide, *La Guerre du Péloponnèse*, II, 34-47

LE DISCOURS
DE LA DERNIÈRE CHANCE

En ces moments sombres où la démocratie est en danger, il faut faire passer l'intérêt de la cité avant son propre bien-être. Et il rêve pour Athènes d'une gloire éternelle qui lui survivra.

Cependant, après la deuxième invasion péloponnésienne, les Athéniens, dont le territoire avait été ravagé une seconde fois et se trouvait en proie à la maladie en même temps qu'à la guerre, n'avaient plus les mêmes sentiments. Périclès était l'objet de leurs griefs : ils lui reprochaient de les avoir décidés à la guerre et d'être cause des malheurs dans lesquels ils étaient tombés ; en revanche, ils aspiraient à s'entendre avec les Spartiates : ils leur envoyèrent des ambassadeurs, sans obtenir aucun résultat. Se trouvant alors, à tous points de vue, désemparés, ils s'attaquaient à Périclès. Lui, les voyant prendre avec aigreur leur situation et faire exactement tout ce à quoi, de lui-même, il s'attendait, réunit une assemblée (car il était encore stratège) : il voulait les rassurer et écarter de leur esprit tout emportement, pour les orienter vers un esprit plus conciliant et plus confiant. Il se présenta à la tribune et tint, en substance, le discours suivant :

– Je m'attendais à ces symptômes de colère que vous marquez envers moi, car j'en perçois les causes ; et justement, si j'ai réuni l'assemblée, c'est afin de rafraîchir vos souvenirs et de vous adresser des remontrances, pour ce que votre attitude peut avoir d'injustifié, soit quand vous me montrez de l'aigreur, soit quand vous vous laissez dominer par vos malheurs.

Je pense en effet, quant à moi, qu'un État sert mieux l'intérêt des particuliers en étant d'aplomb dans son ensemble, que prospère en chacun de ses citoyens individuellement, mais chancelant collectivement. Car un homme peut voir sa situation prendre un cours favorable : si sa patrie va à la ruine, il n'en est pas moins entraîné dans sa perte ; tandis que, malheureux dans une cité heureuse, il se tire beaucoup mieux d'affaire. Aussi, dès lors qu'une cité est capable de supporter les malheurs privés, et les individus incapables de supporter les siens, comment ne pas la soutenir tous, au lieu de faire comme vous aujourd'hui : bouleversés par les misères qui frappent vos maisons, vous renoncez à la préservation de l'intérêt commun, et vous élevez des griefs à la fois contre moi, qui vous ai conseillé la guerre, et contre vous-mêmes qui vous êtes associés à la décision. En ma personne, pourtant, votre colère vise un homme qui, je crois, n'est inférieur à personne pour juger ce qu'il faut et le faire comprendre, qui de plus est patriote, et ne cède pas à l'argent. Tel qui juge bien, mais n'expose pas clairement, se trouve ramené au

même cas que s'il n'avait pas conçu l'idée ; tel qui a
les deux mérites, mais ne veut pas de bien à la cité,
ne saurait s'expliquer avec la même communauté de
points de vue ; et que ce dernier trait soit acquis, si
l'homme est cependant dominé par l'argent, pour ce
seul avantage il vendrait tout. Si, donc, au moment où
vous avez suivi mon conseil d'entrer en guerre, vous
considériez que ces mérites me distinguaient tant soit
peu des autres, je ne saurais à bon droit aujourd'hui
me voir accusé d'une conduite coupable.

De fait, si l'on a le choix et que tout aille bien,
c'est une grande folie que d'entrer en guerre ; mais
s'il est vrai que l'on devait inévitablement, ou bien
céder et se soumettre aussitôt à autrui, ou bien courir
des risques pour s'assurer l'avantage, alors l'homme
à blâmer est celui qui a esquivé le risque, et non pas
qui l'a accepté. Pour moi, donc, je suis le même, et
ne me dédis point ; mais vous, vous changez. Votre
attitude, en effet, a consisté à vous laisser convaincre
quand vous n'aviez pas subi d'atteinte, et à le regretter
aussitôt éprouvés ; dans la fragilité de votre jugement,
mes raisons ne vous apparaissent pas valables, parce
que les causes d'affliction, pour chacun, se présentent
déjà aux sens, tandis que l'évidence des avantages,
pour tous, fait encore défaut : sous le coup du grand
changement qui est intervenu, et de façon si brusque,
vous n'avez pas le cœur assez haut pour vous tenir
fermes à vos décisions. La fierté, en effet, se laisse
subjuguer devant ce qui est soudain, inattendu, et
le moins conforme aux prévisions ; et c'est ce qu'a

surtout produit chez nous, en plus du reste, l'épidémie. Mais quand on possède une grande cité et qu'on
a été nourri dans des mœurs à sa mesure, il faut à
la fois consentir à accepter les plus lourdes épreuves
et ne pas ternir sa considération : car les jugements
humains montrent autant de sévérité pour celui que
la mollesse fait déroger à la sienne que de haine pour
celui dont l'arrogance aspire à plus qu'il n'en a ; il
faut donc laisser là les souffrances individuelles et
s'attacher à la préservation de l'intérêt commun.

   Craint-on que les épreuves liées à la guerre ne
soient considérables, sans pour cela nous apporter
plus de succès ? Les arguments devraient vous suffire,
par lesquels, en d'autres circonstances, j'ai, souvent déjà, montré que ce soupçon était mal fondé.
Pourtant je vous ferai voir encore un avantage qui
vous est acquis, du point de vue de la puissance,
pour votre empire : il ne semble pas que vous l'ayez
jamais considéré, non plus que moi dans mes discours précédents, et je n'y aurais même pas fait appel
aujourd'hui, étant donné le caractère emphatique
des prétentions à énoncer, si je ne vous voyais dans
un état de démoralisation peu légitime. Vous croyez
ne commander qu'à vos alliés ; mais je vous montre,
moi, que, des deux éléments offerts à notre activité,
la terre et la mer, vous êtes vraiment maîtres de l'un
dans sa totalité : non seulement sur toute l'étendue
que vous en contrôlez actuellement, mais sur une
plus grande, si vous voulez ; et il n'est personne qui,
si vous mettez à la mer les forces navales dont vous

disposez, puisse vous barrer le passage, ni le Roi ni aucun autre peuple à l'heure actuelle. Ce n'est donc nettement pas l'usage des maisons et de la terre, dont la privation vous semble si importante, qui définit cette puissance ; et il n'est pas normal de se mettre en peine à leur sujet : il faut plutôt les considérer, en regard de cette puissance, comme un jardin d'agrément et un luxe de riche dont on se désintéressera ; et il faut reconnaître que la liberté, si nous nous y tenons attachés et la préservons, les retrouvera aisément, tandis qu'en se soumettant à autrui, on compromet d'ordinaire les autres biens qu'on avait de surcroît. Ne vous montrez pas non plus doublement inférieurs à vos pères : parmi les souffrances, et sans avoir reçu ces biens d'aucun prédécesseur, ils en ont pris possession et, qui plus est, après les avoir préservés, ils vous les ont transmis ; or il y a plus de honte à se faire arracher ce que l'on avait qu'à échouer dans une conquête ; au lieu de cela, allez affronter l'ennemi non seulement avec un esprit de hauteur, mais avec celui du mépris. La fierté, en effet, peut aussi bien naître d'une inconscience accompagnée de chance, et venir à des lâches ; mais le mépris veut que, en vertu d'un jugement, on soit sûr de l'emporter sur l'adversaire, comme c'est en fait notre cas. Et pour ce qui est de l'audace, l'intelligence, à chances égales, la suscite avec plus de sécurité en l'appuyant sur un sentiment de supériorité ; elle se fie peu à l'espérance, dont la force intervient quand les moyens font défaut ; elle préfère, en se fondant sur les circonstances, se fier à la réflexion, dont le pronostic est plus solide.

Enfin, la cité tire de son empire une part d'honneur, dont vous vous faites tous gloire, et que vous devez légitimement soutenir : ne vous dérobez pas aux épreuves, si vous ne renoncez pas aussi à poursuivre les honneurs ; et ne pensez pas qu'il s'agisse uniquement, en cette affaire, d'être esclaves au lieu de libres : il s'agit de la perte d'un empire, et du risque attaché aux haines que vous y avez contractées. Or, cet empire, vous ne pouvez plus vous en démettre, au cas où la crainte, à l'heure actuelle, pousserait vraiment certains de vous à faire, par goût de la tranquillité, ces vertueux projets... D'ores et déjà, il constitue entre vos mains une tyrannie, dont l'acquisition semble injuste, mais l'abandon dangereux. Et de tels citoyens ne tarderaient guère à perdre une cité, s'ils se faisaient écouter des autres, ou qu'ils eussent, quelque part, une existence indépendante. Le parti de la tranquillité ne peut en effet se préserver sans l'alliance de l'activité ; et ce n'est pas une cité exerçant l'empire, mais une cité sujette, qui peut tirer profit d'une sécurité trouvée dans l'esclavage.

Pour vous, ne vous laissez pas égarer par ce genre de citoyens et ne concevez pas de colère contre moi, à qui vous vous êtes vous-mêmes associés pour décider la guerre : vous ne le devez pas, même si nos adversaires, ayant attaqué, ont agi comme il était normal du moment que vous refusiez de céder, et même si en plus, en dehors de nos prévisions, est survenue cette épidémie, seule circonstance de toutes qui ait passé notre attente ; – elle contribue, je le sais bien, à me faire encore plus détester, et ce n'est pas juste, à moins que tout bonheur inattendu ne doive également m'être rapporté. Non, il faut supporter ce qui vient du ciel comme inévitable, et ce qui vient de l'ennemi avec courage. C'était auparavant l'habitude de notre cité : il ne faut pas qu'aujourd'hui, de votre fait, il y soit mis obstacle.

Comprenez que cette cité jouit dans le monde entier du renom le plus haut, cela parce qu'elle ne se laisse pas dominer par les malheurs et qu'elle s'est dépensée à la guerre plus que toutes, en hommes et en efforts ; elle a ainsi acquis la puissance la plus considérable à ce jour, et, pour les générations à venir, même si à présent il nous arrive jamais de fléchir (car tout comporte aussi un déclin) le souvenir en sera préservé éternellement. Il dira qu'aucun peuple grec n'a exercé en Grèce un aussi grand empire, que nous avons fait face, dans les guerres les plus importantes, à des adversaires aussi bien unis qu'isolés, et que nous avons habité une ville qui fut la mieux pourvue de tout et la plus grande. Or ces titres peuvent inspirer des critiques au partisan de la tranquillité, mais celui qui veut, lui aussi, agir, les enviera et celui qui ne les possède point les jalousera. Être détestés et odieux sur le moment a toujours été le lot de ceux qui ont prétendu à l'empire ; mais si l'on s'attire les mécontentements jaloux pour un objet qui soit considérable, on se montre bien avisé. Car la haine ne tient pas longtemps, mais l'éclat dans le présent, avec la gloire pour l'avenir, reste à jamais dans les mémoires.

Pour vous, sachez prévoir un avenir noble en même temps qu'un présent sans honte, et qu'un zèle immédiat vous conduise à ce double but ; auprès de Sparte, n'envoyez pas de héraut et ne faites point paraître que les épreuves présentes vous accablent ; car ceux qui, en face du malheur, montrent, dans leurs sentiments, le moins d'affliction, et, dans leur conduite, le plus de résistance, ceux-là, qu'il s'agisse d'États ou de particuliers, sont bien ceux qui l'emportent.

Thucydide, *La Guerre du Péloponnèse*, II, 59-64

CHRONOLOGIE

494 avant J.-C – Naissance de Périclès, fils de Agaristé
et de Xanthippe.

490 – *13 septembre :* bataille de Marathon.

484 – *Mars :* ostracisme de Xanthippe.

480 – Retour de la famille à Athènes.
Fin juillet : bataille des Thermopyles.
Les Athéniens quittent Athènes.
29 septembre : bataille de Salamine remportée
par Thémistocle.

479 – *Août :* victoire de Platées remportée par l'Athénien Aristide et le Spartiate Pausanias contre
les Perses. Bataille de Mycale remportée par
l'archonte Xanthippe.

478 – *Printemps :* siège de Sestos remporté par l'archonte Xanthippe qui chasse les Perses de
Grèce.

478-476 – Création de la ligue de Délos rassemblant
Athènes et ses alliés.

472 – Représentation de la pièce d'Eschyle *Les Perses*
produite par Périclès.

466 (468 ?) – Cimon vainqueur des Perses à la bataille
de l'Eurymédon.

463 – Procès de Cimon.

462 – Périclès devient l'allié d'Éphialtès. Réformes d'Éphialtès.

460 – Mort d'Éphialtès. Ostracisme de Cimon.

459 – Périclès devient le chef du parti démocrate. Début de la guerre entre Athènes et Sparte (+ Corinthe, Égine et Béotie). Expédition athénienne en Égypte.

457-456 – Défaite de Tanagra contre les Spartiates.

455 – Périclès est nommé stratège et lance un raid sur Sicyone.

454 – Transfert du trésor de la ligue de Délos à Athènes.

453 – Deuxième expédition à Sicyone.
(?) : naissance de Xanthippe, fils de Périclès et de sa première femme.

451 – Lois sur la citoyenneté et sur les indemnités journalières.
(?) : naissance de Paralos, deuxième fils de Périclès. Naissance d'Alcibiade.

450 – Périclès rappelle Cimon d'exil.

449 – Cimon meurt en opérations à Chypre, des suites d'une maladie. Paix de Callias avec les Perses.

449-447 – Guerre sacrée.

448 – Périclès convoque les peuples grecs en assemblée à Athènes. Échec.

447 – Début de la construction du Parthénon (terminé en 432). Mort de Clinias, père d'Alcibiade, à la défaite de Coronée contre la Béotie.
Périclès est nommé, avec son frère, tuteur
d'Alcibiade.

446 – Périclès, stratège, fait campagne contre
l'Eubée.
Hiver : paix de 30 ans proposée par Périclès et
signée avec Sparte.
Fondation de la colonie grecque de Thourioï
en Italie.

445 – Clérouquie en Eubée.
(?) : rencontre de Périclès et d'Aspasie.

443 – Périclès est nommé stratège et sera renouvelé
chaque année pendant 15 ans. C'est le maître
absolu d'Athènes. Ostracisme de son adversaire Thucydide. Construction de l'Odéon.
Extension des clérouquies en Chersonèse et
en Thrace notamment.

441-439 – Révolte de Samos.

440 (444) (?) – Naissance de Périclès le Jeune, fils de
Périclès et d'Aspasie. Ostracisme de Damon,
le maître de Périclès.

438-430 – Procès contre Anaxagore, Phidias et
Aspasie.

437 – Début de la construction des Propylées (achevés en 432).

435 – Sculpture de la statue d'Athéna par Phidias pour le Parthénon. Expédition en Propontide et chez les Scythes

433 – Périclès intervient dans le litige entre Corinthe et Corcyre, qui demande l'aide des Athéniens. Bataille indécise.

432 – Composition de la ligue du Péloponnèse (Corinthe, Mégare, Sparte) dirigée par Sparte. Périclès interdit les ports de l'empire et les marchés d'Attique à Mégare.
Août : début de la guerre du Péloponnèse entre Athènes et Sparte et ses alliés. La paix de 30 ans est rompue. Le conflit durera 27 ans.

430-429 – Peste à Athènes. Périclès avec sa flotte ravage l'est de l'Argolide mais ne prend pas Épidaure. Mort de Phidias. Périclès est démis de son commandement et mis à l'amende.

429 – *Avril :* Périclès est réélu et retrouve toutes ses charges.
Septembre : mort de Périclès et de ses fils Xanthippe et Paralos, victimes de la peste.

406 – Bataille des Arginuses. Mise en accusation et exécution de son fils stratège, Périclès le Jeune.

ARBRE GÉNÉALOGIQUE

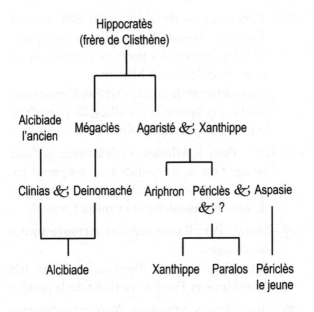

BIOGRAPHIE DES AUTEURS

Cicéron (106-43). Comment résumer la vie et l'œuvre du plus fameux des écrivains romains ? Son existence nous est connue dans les moindres détails mais elle déborde de rebondissements car cet avocat brillant fut de tous les combats, tant judiciaires que politiques ou philosophiques. Né à Arpinum, dans un municipe éloigné d'une centaine de kilomètres de Rome, Marcus Tullius Cicero voit le jour dans une famille de gens aisés et de notables. Toutefois, comme Caton l'Ancien, qu'il admire, Cicéron est un « homme nouveau » : il est le premier de sa lignée à gravir les échelons de la carrière des honneurs jusqu'à son degré le plus élevé, le consulat, qu'il occupe en 63. C'est lors de ce consulat qu'il dénonce dans ses célèbres *Catilinaires* une conjuration qui menaçait la République. À la suite des manœuvres de son ennemi juré, le tribun Clodius, il est exilé pendant un an (58-57) pour avoir fait mettre à mort Catilina sans jugement. Malgré le triomphe qui l'accueille à son retour, son rôle politique ne cesse de décliner dans les années suivantes. Cicéron, l'un des plus fervents défenseurs du régime républicain, finit par rallier le camp de Pompée contre César juste avant que ce dernier ne l'emporte définitivement. À la mort du dictateur, l'orateur prend le parti de son petit-neveu, Octave, le futur Auguste, pensant pouvoir facilement diriger ce jeune homme de 19 ans. Il le sert en rédigeant les *Philippiques* contre Marc Antoine qui lui voue dès lors une haine inexpiable. Antoine réclame à Octave la tête de l'orateur dès leur première réconciliation. Abandonné par le jeune homme, Cicéron est assassiné par des émissaires d'Antoine. Sur son ordre, la tête et les mains de l'écrivain sont clouées à la tribune du forum. L'œuvre de Cicéron est immense : il s'est essayé à tous les genres et à toutes les disciplines. Il est en particulier l'auteur d'une vaste correspondance, d'environ 139 discours judiciaires ou politiques et de plusieurs traités de rhétorique et de philosophie qui ont joué un rôle déterminant dans la tradition culturelle de l'Occident, jusqu'à nos jours.

Diodore de Sicile (Iᵉʳ siècle av. J.-C.). Né à Agyrion en Sicile, Diodore voyagea beaucoup et vécut à Rome, sans doute sous César et Auguste. Grand érudit, passionné par la recherche, Diodore nous a légué sa *Bibliothèque*, sorte d'histoire universelle composée de quarante livres dont plusieurs ont disparu. Aujourd'hui, nous pouvons lire les livres I à V et XI à XXII et quelques extraits ou résumés conservés par les Anciens. Nous savons toutefois que cet ouvrage couvrait une vaste période, des temps mythiques à la guerre des Gaules (54 av. J.-C.). Diodore s'était fixé pour objectif d'écrire une histoire totale, malgré les difficultés qu'une telle tâche présentait.

Eschyle (525 - 456). Eschyle est né à Éleusis dans une famille d'Eupatrides alors qu'Athènes était dominée par les Pisistratides. Il a donc assisté, encore adolescent, à la chute d'Hippias et à la mise en place du système démocratique de Clisthène. Dans sa jeunesse, il aurait participé, contre les Perses, aux batailles de Marathon et de Salamine (dont il fait le récit dans *Les Perses*).

Acteur, Eschyle fut aussi le premier des grands tragiques. Il apporta à l'art dramatique un grand nombre d'innovations. Alors que, dans les tragédies de son temps, un seul acteur dialoguait sur scène avec le chœur, il introduisit un deuxième acteur, enrichissant ainsi les échanges entre personnages, voire l'intrigue elle-même. Dans son théâtre très spectaculaire, le goût pour les costumes flamboyants et les images verbales percutantes s'allie au souci d'un discours élevé. Ses œuvres, grandioses, mettent en évidence le désarroi des hommes attachés à leur destin, un destin souvent conditionné par les fautes de leurs ancêtres.

Il aurait écrit, pendant sa carrière, soixante-treize ou même (selon certaines sources) quatre-vingt-dix pièces. Il nous en reste sept, mais, parmi elles, se trouve la seule trilogie dont nous disposons, l'*Orestie* (458) qui évoque l'assassinat d'Agamemnon à son retour de Troie, puis celui de Clytemnestre par son fils, et, enfin, le procès d'Oreste. Entre *Les Perses*, première en date des tragédies conservées (472), et la trilogie consacrée aux Atrides, mentionnons les

Sept contre Thèbes (467) et les *Suppliantes* (463 ?), qui représentent l'accueil à Argos des Danaïdes poursuivies par les fils d'Egyptos. *Le Prométhée enchaîné* (dont l'authenticité est encore parfois discutée) formait la première pièce d'une trilogie où l'on voyait sans doute la réconciliation progressive de Zeus avec le Titan rebelle.

Hérodote (480-420). Né à Halicarnasse, ville dorienne du territoire d'Ionie, en Asie Mineure, celui que Cicéron tenait pour « le père de l'histoire » voyagea beaucoup, d'Athènes, où il séjourna, en Égypte, à Tyr et en Scythie. Il ne vit pourtant pas toutes les contrées qui sont décrites dans ses *Histoires*, vaste « enquête » (c'est le sens de *historié* en grec), dont le premier but est de rapporter les tenants et aboutissants des guerres Médiques. Friand d'anecdotes, Hérodote est célèbre pour ses digressions, si bien que les *Histoires* débordent largement le projet annoncé : la Lydie, l'Égypte, la Scythie et la Libye, autant de contrées visitées, pour le plus grand plaisir du lecteur. L'œuvre fut, à la période alexandrine, divisée en neuf livres, nommés selon les Muses. Les quatre premiers rapportent la formation de l'empire perse et les cinq derniers les guerres Médiques. « Roi des menteurs » pour certains, « père de l'histoire » pour d'autres, Hérodote nous éclaire cependant sur les rapports entre les Grecs et les Barbares et fournit nombre de renseignements ethnologiques, géographiques et anthropologiques, aussi précieux qu'amusants.

Platon (427-347). Le célèbre philosophe grec était un citoyen athénien, issu d'une des grandes familles de la cité. Alors que sa noble origine, sa richesse et son éducation le destinaient à devenir un dirigeant politique ou un savant pédagogue, Platon choisit de devenir philosophe, à l'imitation de son maître et concitoyen Socrate. Loin toutefois de se retirer de la vie publique, le philosophe tel que Platon l'a inventé se consacre à la réforme de la cité et de ses habitants, soit par ses écrits, soit par son enseignement. Il institua en outre l'Académie où les élèves (parmi lesquels Aristote) venaient suivre ses leçons aussi bien que celles des prestigieux savants invités. Son œuvre est immense et la culture occidentale n'a cessé d'y puiser des enseignements.

Thucydide (455 - 396). Athénien, fils d'Oloros, Thucydide est né entre 460 et 455 av. J.-C. dans une famille aisée du dème d'Halimonte, propriétaire de mines d'or en Thrace. Probablement lié à Cimon, et malgré les opinions politiques de sa famille, Thucydide fut un admirateur de Périclès. Victime de la peste qui frappa Athènes entre 429 et 427, il fut élu stratège en 424, alors qu'Athènes et Sparte s'affrontaient dans un conflit meurtrier, la guerre du Péloponnèse (431 à 404 av.J.-C.). Incapable de repousser les Péloponnésiens, qui s'attaquaient à Amphipolis, un des points les plus névralgiques de la stratégie athénienne au nord de la mer Égée, il fut contraint de s'exiler. Absent d'Athènes pendant vingt ans, il se consacra à l'écriture de *l'Histoire de la guerre du Péloponnèse*, œuvre qui nous est parvenue incomplète (huit livres seulement).

Thucydide rompt avec la méthode des historiens qui le précèdent et qui manifestent un goût prononcé pour la mythologie et pour les généalogies. Son projet consiste à établir la vérité historique sur les événements en procédant rigoureusement. Passionné avant tout par la causalité historique, soucieux d'exactitude, rejetant aussi bien l'anecdote que les jugements moraux, Thucydide se démarque nettement de la conception historique qu'Hérodote avait de l'histoire.

Xénophon (426-354 av. J.-C.). Né près d'Athènes, Xénophon est issu d'une famille aristocratique très aisée. Il prend part à la défense d'Athènes dans la guerre du Péloponnèse. En 401, il rejoint les Spartiates combattant en Asie Mineure aux côtés de Cyrus, qui cherchait alors à renverser son frère. Après l'échec de la campagne des Dix-Mille, où Cyrus perdit la vie, il est élu général, et, traversant l'Asie, conduit les Grecs jusqu'à Trébizonte, exploit qu'il raconte dans l'*Anabase*. Surnommé « l'abeille grecque », Xénophon nous a laissé une œuvre aussi variée qu'abondante. De l'enseignement de Socrate dont il fut le disciple, il a tiré des ouvrages dits socratiques, les *Mémorables*, *Le Banquet*, l'*Apologie* et, d'une certaine manière, l'*Économique* (dialogue socratique évoquant les problèmes de gestion d'un domaine). Son travail d'historien se compose de l'*Anabase* et surtout des *Helléniques* où il poursuit le récit de la guerre du Péloponnèse là où Thucydide avait interrompu son enquête. Outre des traités sur la cavalerie, la chasse et une histoire romancée de la vie de Cyrus, la *Cyropédie*, nous lui devons des ouvrages politiques, témoignant de son admiration pour Sparte, la cité rivale d'Athènes.

BIBLIOGRAPHIE

Les traductions des auteurs anciens sont extraites, sauf mention contraire, des publications disponibles dans la collection des Universités de France.

...

Platon, *De l'amour*. Texte établi et traduit par G. Aillaud, Collection des Universités de France, Paris, 1991, 2e tirage 2002.

Démétrius Stoïc, *Réflexions Polémique*, livre VII, livre XII. Texte établi et traduit par Ph. Collection des Universités de France, Paris, 1971, 2e tirage 2002.

Eschyle, *Tragédie*. Tome I. Les Suppliantes, Les Perses ... Prométhée enchaîné. Texte établi et traduit par P. Mazon. Collection des Universités de France, Paris, 14e tirage revu et corrigé de la ... 2e édition 2002.

Eschyle, *Les Perses*. Texte établi et traduit par P. Mazon. Introduction et notes par Ph. Brunet. Collection Classiques en poche, Paris, 2000.

Héliodore, *Théagène*. Textes établis et traduits par Ph.-E. Legrand. Collection des Universités de France, Paris.

Tome VA. Livre VI, Paris, 1945, 4e tirage 2003.
Tome VII. Livre VII, Polymnie, 1951, 4e tirage 2004.
Tome IX. Livre IX, Calliope, 1955, 3e tirage 2003

BIBLIOGRAPHIE

Les traductions des auteurs anciens cités sont extraites d'ouvrages publiés aux Éditions Les Belles Lettres.

Cicéron, *De l'invention*. Texte établi et traduit par G. Achard. Collection des Universités de France, Paris, 1994, 2ᵉ tirage 2002.

Diodore de Sicile, *Bibliothèque historique, Tome VII, Livre XII*. Texte établi et traduit par M. Casevitz. Collection des Universités de France, Paris, 1972, 2ᵉ tirage 2002.

Eschyle, *Tragédies. Tome I, Les Suppliantes, Les Perses, Les Sept contre Thèbes, Prométhée enchaîné*. Texte établi et traduit par P. Mazon. Collection des Universités de France, Paris, 14ᵉ tirage revu et corrigé de la 2ᵉ édition 2002.

Eschyle, *Les Perses*, Texte établi et traduit par P. Mazon. Introduction et notes par Ph. Brunet. Collection Classiques en poche, Paris, 2000.

Hérodote, *Histoires*. Textes établis et traduits par Ph.-E. Legrand. Collection des Universités de France, Paris.
Tome VI, Livre VI, Érato, 1948, 4ᵉ tirage 2003.
Tome VII, Livre VII, Polymnie, 1951, 4ᵉ tirage 2003.
Tome IX, Livre IX, Calliope, 1955, 3ᵉ tirage 2003.

Pausanias, *Description de la Grèce. Tome I*, introduction générale, *Livre I, L'Attique*. Texte établi par M. Casevitz, traduit par J. Pouilloux et commenté par F. Chamoux. Collection des Universités de France, Paris, 1992, 3ᵉ tirage 2002.

Platon, *Œuvres complètes*, Collection des Universités de France, Paris.
Tome III 1ʳᵉ partie, Protagoras. Texte établi et traduit par A. Croiset, 1923, 10ᵉ tirage 2002.
Tome V 1ʳᵉ partie, Ion, Ménexène, Euthydème. Texte établi et traduit par L. Méridier, 1931, 9ᵉ tirage 2003.

Platon, *Protagoras*. Texte établi et traduit par P. Mazon. Introduction et notes par P.-M. Morel. Collection Classiques en poche, Paris, 1997.

Platon, *Ménexène*. Texte établi et traduit par P. Mazon. Introduction et notes par J.-F. Pradeau. Collection Classiques en poche, Paris, 1997.

Plutarque, *Vies*. Textes établis et traduit par R. Flacelière et E. Chambry. Collection des Universités de France, Paris.
Tome II, Solon-Publicola. Thémistocle-Camille (avec le concours de M. Juneaux), 1961, 3ᵉ tirage 2003.
Tome III, Périclès-Fabius Maximus. Alcibiade-Coriolan, 1964, 4ᵉ tirage 2003.
Tome V, Aristide-Caton l'Ancien. Philopoemen-Flamininus, 1969, 2ᵉ tirage 2003.

Plutarque, *Vies parallèles, Alcibiade-Coriolan*. Texte établi et traduit par P. Mazon. Introduction et notes par Cl. Mossé. Collection Classiques en poche, Paris, 1999, 2ᵉ tirage 2002.

Thucydide, *La Guerre du Péloponnèse*. Sous la direction de J. de Romilly.

Tome I, introduction, *Livre I*. Texte établi et traduit par L. Bodin et J. de Romilly. Collection des Universités de France, Paris, 1953, 8ᵉ tirage 2003.

Tome II 1ʳᵉ partie, *Livre II*. Texte établi et traduit par J. de Romilly. Collection des Universités de France, Paris, 1962, 6ᵉ tirage 2003.

Xénophon, *Mémorables*. *Tome I*, introduction générale, *Livre I*. Texte établi par M. Bandini et traduit par L.-A. Dorion. Collection des Universités de France, Paris, 2000, 2ᵉ tirage 2003.

Anne-Marie Buttin, *La Grèce classique.* Guides Belles Lettres des Civilisations, Paris, 2000.

La Grèce au féminin. Sous la direction de Nicole Loraux. « Aspasie, l'étrangère, l'intellectuelle » par Nicole Loraux. Collection Histoire, Les Belles Lettres, Paris, 2003.

Danielle Jouanna, *Aspasie de Milet, égérie de Périclès.* Éditions Fayard, Paris, 2005.

TABLE

Ce volume,
le deuxième
de la collection
La véritable histoire de,
publié aux Éditions Les Belles Lettres,
a été achevé d'imprimer
en février 2014
sur les presses
de la Nouvelle Imprimerie Laballery
58500 Clamecy, France